1592년 4월 16일부터 1594년 3월 20일까지 84일간의 일기
문천회맹, 영천성 수복, 집경전 어진 백동서당 봉안, 경주성 수복 등의 기록

청허재 손엽
용사일기

清虛齋 孫曄 龍蛇日記

孫曄 원저・申海鎭 역주

보고사
BOGOSA

머리말

이 책은 청허재(淸虛齋) 손엽(孫曄, 1544~1600)이 1592년 임진왜란 발발부터 1594년 3월 20일까지 겪은 전란의 상황을 기록한 일기를 번역하였다. 이 일기는 손엽의 문집《청허재선생문집(淸虛齋先生文集)》의 잡저(雜著)에 수록된 〈용사일기(龍蛇日記)〉로 84일간 기록한 것이다.

손엽의 본관은 월성(月城), 자는 문백(文伯), 호는 청허재이다. 손중돈(孫仲暾, 1463~1529)의 증손자, 손경(孫暻, 1492~1529)의 손자이다. 부친은 진사 손광호(孫光皜, 1520~?)이고, 모친은 장수황씨(長水黃氏) 별제(別提) 황계옥(黃季沃: 개명 黃李沃)의 딸이다. 1568년 사마시에 합격하였으나, 문과에는 급제하지 못하였다.

손엽은 1592년 4월 임진왜란이 일어나자 4월 16일 부친 손광호와 함께 두덕사(斗德寺: 도덕암)로 피난을 떠났다가, 21일 경주성이 함락되었다는 소식을 들었으며, 같은 피난처로 온 경주 부윤 윤인함(尹仁涵)을 이응인(李應仁)과 함께 만났다.

4월 25일 난리의 틈을 타서 안강(安康) 사람들이 관아 창고의 곡식을 훔쳤고, 이를 계기로 무뢰배들이 왜인으로 가장하여 약탈하는 사건이 발생하였으며, 이를 수색한다는 명분 아래 역참의 구실아치들 횡포가 자행되었다는 사실을 이소정(李素精)으로부터 들었다. 또한 순무사 조위(曺瑋)로부터 순변사 이일(李鎰)의 패전 소식 등도 들었다. 28일 초유사(招諭使) 김성일(金誠一)의 초유문(招諭文)을 보았고, 6월 7일 매부 안윤신(安潤身)의 가족과 하산하여 죽장을 향해 가는 길에 이몽두(李夢斗)를 만나 신립(申砬)의 패전 및 주상의 파천 소식 등을 들었다.

6월 9일 경주의 문천(蚊川: 南川)에서 최계종(崔繼宗)·권응생(權應生)·백이소(白以昭)·이용갑(李龍甲)·이눌(李訥)·손시(孫時)·최봉천(崔奉天)과 함께 정예병 300여 명을 이끌고 모였으니, 이른바 문천 회맹(蚊川會盟)이다. 6월 18일 박의장(朴毅長)이 영해(寧海)의 본가에서 돌아와 윤인함을 만난 뒤에 경주 판관(慶州判官)으로서의 소임을 수행하였다. 7월 6일 판관 박의장 및 이몽량(李夢亮)과 최봉천(崔奉天)이 자인현(慈仁縣)에서 각자 왜적 1명의 머리를 베면서 왜적을 물리쳤는데, 자인현 사람 최문병(崔文炳)이 군사를 모아서 진을 치고 전란 초기부터 창고의 곡식을 지켰기 때문에 가능했다. 11일 영천(永川)의 진사 정세아(鄭世雅)가 병사(兵使: 박진)를 만나기 위해 안덕(安德)으로 가는 길에 손광호를 만났는데, 병사가 의병대장으로 임명하여 의병부대가 관군 휘하로 들어가야 했기 때문에 사양하러 가던 길이었다. 7월 23일 영천성을 수복하였는데, 신녕(新寧)과 경주(慶州)의 군대가 왜적 500여 급을 참획하였고, 좌계(左界: 낙동강 좌측 지역)의 의병대장 권응수(權應銖)와 영천의 정대임(鄭大任)이 한 고을의 왜적을 남김없이 섬멸하였다. 27일 손엽은 경주 부윤의 대솔(帶率)이 되어 죽장(竹長)으로 갔다.

8월 2일 참봉 정사성(鄭士誠)이 집경전(集慶殿)의 강헌대왕(康獻大

王: 이성계) 어진(御眞)을 가지고 오자, 임시로 수운정(水雲亭)에 봉안하였다. 경주의 집경전은 태조 이성계의 어진을 봉안하고 제사 지내던 외방 진전 가운데 하나였다. 4일 양동마을의 수운정을 출발하여 5일 죽장을 거쳐 7일에 이영도(李詠道)의 서당(書堂: 백동서당) 서실(西室)에 봉안하고 14일에 수운정으로 되돌아왔다.

8월 14일 이날 손방(孫昉)과 손엽의 종들이 왜적들을 공격하였고, 복방장(伏兵將) 이봉서(李鳳瑞)의 군사들이 왜적을 베었다. 8월 19일 병사(兵使) 박진(朴晉)이 영천에서 안강으로 오자, 손엽은 경주 부윤의 대솔로서 인사하였다. 21일 밤 11시경 경주성 수복을 위해 11개 고을의 3만 7천여 명 군사가 모여 포위하였지만, 왜적의 포와 복병에 의해 무참히 패배하였다. 철저하지 못한 전략을 비롯해 영해(寧海)와 영일(迎日) 등의 수령들이 달아났고 병사 또한 달아났기 때문이었다. 영천 의병으로 생원 정의번(鄭宜藩)·최인제(崔仁濟), 유학 김대해(金大海) 등 28명이, 경주 유생으로 남흡(南洽)·김정관(金廷觀) 등이 적에게 해를 입었으며, 그 나머지는 무반(武班)으로 죽은 자가 10여 명이고 경주군으로 죽은 자가 500여 명인 데다 다른 고을의 군사까지 합하면 2천여 명에 이르렀다. 25일 경주성을 수복하기 위해 재공략하려고 병사 박진이 안강으로 왔지만, 9월 8일 경주성을 수복하고 경주 판관 박의장이 성안으로 들어가니 병사 박진은 이미 2, 3일 전에 상도(上道: 경북 북부지방)로 간 뒤이었다. 9월 12일 손엽은 기계(杞溪)로 가서 경주 부윤 윤인함을 만나 13일 함께 안강으로 왔는데, 14일 윤인함이 비로소 경주성으로 들어가 전란 초부터 흩어진 민심을 진무하였다.

9월 26일 향교 대성전에 모셔진 오성십철(五聖十哲)과 동무(東廡)
·서무(西廡)에 모셔져 있던 십이현(十二賢)의 위패를 금곡사(金谷寺)
에 옮겨 안치했다가 옥산서원(玉山書院)에 봉안하였다.

11월 6일 임해군(臨海君)·순화군(順和君) 및 황정욱(黃廷彧)·황혁
(黃赫)이 적에게 사로잡힌 소식을 접하였고, 12월 1일 감사(監司) 한
효순(韓孝純)으로부터 연병장(鍊兵將: 훈련대장)으로 임명한 사령장
을 받아 15일 기계에 가서 군사들을 훈련하였다.

12월 6일 집경전 참봉으로 임명되어 1593년 1월 1일 어진이 봉안
된 예안으로 가도록 역마(驛馬)를 받고 출발해서 3일 죽장, 4일 송제
(松蹄), 5일 안기(安奇)를 거쳐 6일에야 예안에 도착하였다. 이곳에
서 조우인(曺友仁), 금개(琴愷), 이영도(李詠道), 금난수(琴蘭秀), 조
목(趙穆), 금응협(琴應夾), 금응훈(琴應壎), 김륵(金玏), 신지제(申之
悌) 등을 만났다. 1월 29일에 명나라의 구원군으로 병부상서 송응창
(宋應昌)의 2만 명과 이여송(李如松)·이여백(李如柏) 등의 6만 명이
이미 의주에 도착하여 평양성을 수복하였고 곧 경성에 당도할 것이
라는 소식을 들었으며, 2월 8일부터 19일까지 객지에서 두 다리와
어깨가 시린 통증을 앓기도 하였으며, 3월 8일 신지제(申之悌)의 편
지를 통하여 함경도에서 포로가 되었던 두 왕자가 경성으로 돌려보
내졌다는 소식을 들었지만, 이것은 와전이었다. 3월 12일에 10일간
의 휴가를 받아 13일 출발하여 14일 송제, 15일 죽장을 거쳐 고향으
로 돌아왔다가 4월 3일 안강에서 감사 한효순을 만났고, 7일 전(前)
참봉 정사성이 다시 집경전 참봉에 임명된 관문(關文)을 보고 예안
으로 돌아가지 않았다.

4월 11일 이응인의 부음을 들은 뒤, 4월 17일부터 1594년 3월 20일까지는 명나라 구원군에 관한 소식 및 왜적의 움직임에 관한 소식 등이 기록되었는데, 주로 명나라 군대를 지공(支供)한 일 및 명나라 군사들의 횡포, 왜적의 만행 및 그들과의 화친 등에 관한 것이었다. 4월 23일 권응수가 박진 다음으로 경상도 병사로의 승진, 5월 10일 초유사 김성일의 부음, 6월 박의장이 경주 부윤으로의 승진, 심유경이 독포사 박진을 곤장 친 일, 7월 7일 진주성 함락, 7월 13일 경주 부윤 박의장으로부터 들은 진주성 함락 당시의 참혹상, 8월 12일 윤인함을 전별한 일, 10월 12일 왜적의 경주성 점거, 25일 명나라 군사들이 마을에 들어와 대나무를 마구 베고 함부로 약탈해간 횡포 등도 포함되어 있다.

1594년 1월부터 2월 초순까지 한질(寒疾)이 심하여 거의 죽을 뻔 했다가 살아났으며, 2월 13일 왜장 가등청정(加藤清正)이 서생포(西生浦)에 있으며 경주를 공격하려다가 화친이 이루어져 물러난 사실과 3월 20일 판관 김응기(金應期)가 전사한 사실을 기록한 것으로 일기는 이후 낙질되어 더 이상의 기록이 없다.

이처럼, 손엽이 자신의 보고 들은 내용을 중심으로 피난의 경과, 난리의 틈을 타서 창고의 곡식을 훔친 사건, 문천회맹을 비롯한 영천성과 경주성 수복의 의병 활동과 그에 따른 민심 안정, 태조 이성계 어진 및 오성십철과 12현 위패의 봉안 과정, 전공을 세운 자의 승진 사실 등을 기록한 것이 바로 〈용사일기〉이다.

일기의 내용을 좀 장황하게 서술한 것은, 〈용사일기〉의 해제를 보면 시간순서의 뒤틀림이 심하여 혼란을 야기하고 있어서 그러한 상황을 바로잡기 위함이었으니 양해 바란다.

이 일기가 수록된 《청허재선생문집》은 1권 1책의 목판본이다. 후손가 종형(鍾瑩)·상효(相孝)·영일(永馹)·영인(永仁)·수찬(秀璨) 등이 편집하여 1901년 무렵에 간행하였다. 권두에 1899년 송병선(宋秉璿, 1836~1905)과 1901년 이만계(李晩煃, 1845~1920)의 서문(序文)이, 권말에 1862년 남병철(南秉哲, 1817~1863)의 후서(後序)가 있다. 이들을 살피건대, 일차적으로 후손 종형·상효·영일 등에 의하여 1862년에 편집되었으나 간행되지는 못하다가, 손영인 등이 중심이 되어 1899년에 재차 간행 사업이 추진되면서 송병선의 서문을 받았고, 1901년에 간행 작업이 완성되면서 손수찬의 요청으로 이만계가 서문을 쓴 것으로 보인다. 문집은 시(詩) 18수, 부(賦)·서(書) 각 2편, 발(跋) 1편, 제문(祭文) 3편, 묘지(墓誌) 1편, 잡저(雜著) 12편, 부록(附錄) 12편 등으로 구성되어 있다.

특히 1862년의 편집물은, 《승정원일기》 1872년 3월 23일의 내용을 보건대 고종(高宗)이 행행(幸行)할 때 올린 상언(上言)에 대해 상고한 결과를 보고하는 예조(禮曹)의 계(啓)에 "경상도 유학 권익하(權翊夏) 등의 상언은 안동(安東)의 공생(貢生) 강사윤(姜思允)의 처 조씨(趙氏)의 효행과 열행에 대해서였고, 경상도 진사 이희구(李熹久) 등의 상언은 경주(慶州)의 고 참봉 손엽(孫曄)의 충절에 대해서였고, 경상도 유학 송시극(宋詩極) 등의 상언은 삼가(三嘉)의 고 학생 이항진(李恒鎭)의 효행과 학문 및 그의 처 김씨(金氏)의 효행과 열행에 대해서였습니다."라고 언급하며 모두 표창하는 은전을 내려주기를 청하는 글이라 하였는데, 이희구의 상언이 근거한 기본 자료였을 것이다. 이희구는 회재(晦齋) 이언적(李彦迪)의 둘째 손자 양졸당(養拙堂) 이의징(李宜澄)의 후손으로 이능안(李能安)의 아들이다.

이 〈용사일기〉를 주목했던 까닭은 지헌(芝軒) 정사성(鄭士誠)이 집경전 참봉으로서 태조 이성계의 어진을 봉안하는 과정이 미완이었는데, 그 미완의 부분을 채워주고 있었기 때문이다. 졸역서 『지헌 임진일록』(보고사, 2021)에 따르면, 1592년 5월 18일 당시 예안현 온계리(현 안동시 도산면 온혜리)의 퇴계서당(현 溪上書堂)에 봉안했지만 전란 소식을 듣고 그날 청량산 깊은 골짜기로 이안(移安)했고, 7월 9일 운현(雲峴: 현 경북 봉화군 명호면 북곡리에 있는 고개. 청량산 뒤쪽이다.)으로 이안했다가 7월 15일에 이르러서 다시 청량산 깊은 골짜기로 이안한 것으로 쓰여 있으며, 7월 17일 이후부터는 결락되었다. 그런데 손엽의 〈용사일기〉에는 8월 2일 정사성이 어진을 가지고 와서 임시로 수운정(水雲亭)에 봉안하였다가, 다시 8월 7일에 예안 이영도의 서당에 봉안한 것으로 나온다. 또 손엽은 12월 6일 집경전 참봉에 임명되어 1593년 1월 6일 어진이 있는 예안으로 부임하였고, 3월 12일 10일간의 휴가를 받아 고향에 돌아와 머물다가 4월 7일 집경전 전 참봉 정사성이 다시 임명되자 예안으로 돌아가지 않았다. 이로써 손엽은 1592년 12월 6일부터 1593년 4월 7일까지 집경전 참봉이었음을 알 수 있지만, 1592년 7월 17일 당시 예안에 있던 어진이 8월 2일 경주 옥산리로 옮기게 된 저간의 사정은 아직도 해결되지 않고 있는 셈이다.

태조 이성계의 어진이 잠시 봉안되어 있었던 수운정에 대해, "건물 구조는 정면 3칸, 측면 2칸 건물이다. 서쪽에서부터 대청 4칸,

방 2칸을 두고, 전면에는 계자난간을 두른 툇마루를 두었다. 방에 는 모두 띠살창호를 달았으며, 대청바닥은 우물마루이고 천장은 연 등천장이다. 대청과 방 사이 중간기둥이 있다. 정자 뒤편에는 행랑 채가 있는데 마루방 1칸과 행랑방 1칸을 두었다."라고 설명한다. 그 런데 이 수운정의 주인과 창건연대에 대해서는 좀 더 면밀하게 살펴 야 할 것이 있어서 관련 자료들을 참고자료로 첨부하였다.

이 책을 통해 임진왜란 초기 피란일기의 또 다른 실상을 보여주 면서, 당대의 미세하고 다양한 움직임을 담담하게 기록한 청허재 손엽의 마음을 한 번이라도 제대로 헤아려보기를 바랄 뿐이다. 한 결같이 하는 말이지만 나름대로 최선을 다하고자 했다. 그러함에도 불구하고 여전히 부족할 터이니 대방가의 질정을 청한다.

이 책과 같은 실기 문헌은 인물과 시간, 그리고 장소에 대해 정밀 하게 주석 작업을 해야 하는데, 아직도 채우지 못한 주석 작업이 많이 있지만 부족함을 채우고 오류를 바로잡는 과정에서 후의를 입 은 경주손씨 손무익 선생과 경주문화원 조철제 원장에게 이 자리를 빌려 진심 어린 고마움을 표한다. 끝으로 편집을 맡아 수고해 주신 보고사 가족들의 노고와 따뜻한 마음에 심심한 고마움을 표한다.

2022년 3월 빛고을 용봉골에서
무등산을 바라보며 신해진

차례

용사일기 龍蛇日記

임진년(1592)

참고자료

일러두기 _____

이 책은 다음과 같은 요령으로 엮었다.

01. 번역은 직역을 원칙으로 하되, 가급적 원전의 뜻을 해치지 않는 범위 내에서 호흡을 간결하게 하고, 더러는 의역을 통해 자연스럽게 풀고자 했다. 다음의 자료가 참고되었다.
- 「청허재 손엽의 수운정을 찾아서」, 오상욱 기자, 경주신문, 2019.10.31.
- 「백동서당중건기」, 이규필 역, 한국고전번역원, 2018.
- 「판관손공묘지명병서」, 정선용 역, 한국고전번역원, 2002.

02. 원문은 저본을 충실히 옮기는 것을 위주로 하였으나, 활자로 옮길 수 없는 古體字는 今體字로 바꾸었다.

03. 원문표기는 띄어쓰기를 하고 句讀를 달되, 그 구두에는 쉼표(,), 마침표(.), 느낌표(!), 의문표(?), 홑따옴표(' '), 겹따옴표(" "), 가운데점(·) 등을 사용했다.

04. 주석은 원문에 번호를 붙이고 하단에 각주함을 원칙으로 했다. 독자들이 사전을 찾지 않고도 읽을 수 있도록 비교적 상세한 註를 달았다.

05. 주석 작업을 하면서 많은 문헌과 자료들을 참고하였으나 지면관계상 일일이 밝히지 않음을 양해바라며, 관계된 기관과 여러분께 진심으로 감사드린다.

06. 이 책에 사용한 주요 부호는 다음과 같다.
1) ( ) : 同音同義 한자를 표기함.
2) [ ] : 異音同義, 出典, 교정 등을 표기함.
3) " " : 직접적인 대화를 나타냄.
4) ' ' : 간단한 인용이나 재인용, 또는 강조나 간접화법을 나타냄.
5) 〈 〉 : 편명, 작품명, 누락 부분의 보충 등을 나타냄.
7) 「 」 : 시, 제문, 서간, 관문, 논문명 등을 나타냄.
8) 《 》 : 문집, 작품집 등을 나타냄.
9) 『 』 : 단행본, 논문집 등을 나타냄.

07. 이 책과 관련된 논문은 다음과 같다.
- 차장섭, 「양동마을 慶州孫氏 家門의 家風과 계승」, 『강원사학』 37, 강원사학회, 2021.
- 최종호, 「壬亂實記 考察: 孫曄의 龍蛇日記를 중심으로」, 『양동마을 선비들의 학문과 삶 1』 학술세미나, 위덕대학교 양동문화연구소, 2012.12.13.

용사일기
龍蛇日記

임진년(1592)

4월 섬 오랑캐가 대거 쳐들어왔다. 14일에는 부산(釜山)이 함락되고 첨사(僉使) 정발(鄭撥)이 전사하였으며, 15일에는 동래(東萊)가 함락되고 부사(府使) 송상현(宋象賢)이 전사하였으며, 18일에는 양산(梁山)이 함락되고 군수(郡守) 조영규(趙英珪)가 전사하였으며, 20일에는 언양(彦陽)이 함락되고 3일 지난 뒤에는 영천(永川)이 함락되자, 성(城)들이 풍문만 듣고도 달아나 무너져 버리니 이루 다 기록할 수가 없다.

壬辰

四月島夷大擧入寇。十四日, 釜山陷, 僉使鄭公撥[1]死之, 十五日, 東萊[2]陷, 府使宋公象賢[3]死之, 十八日, 梁山[4]陷, 郡守趙公英

---

1 鄭公撥(정공발): 釜山浦僉節制使 鄭撥(1553~1592)을 가리킴. 본관은 慶州, 자는 子固, 호는 白雲. 1592년 折衝將軍의 품계에 올라 부산진첨절제사가 되어 방비에 힘썼다. 4월에 임진왜란이 일어나 부산에 상륙한 왜병을 맞아 분전하였으나 중과부적으로 마침내 성이 함락되고 그도 전사하였다. 이때 첩 愛香은 자결하였고, 奴婢 龍月도 전사하였다.

2 東萊(동래): 東萊府. 현재 부산광역시 동래구 지역을 중심으로 편성되었던 조선시대의 행정구역. 세종 연간에 동래현이다가 이후 일본과의 관계가 중시되어 1547년 東萊府로 승격하였다. 1592년 임진왜란이 일어난 직후 동래현으로 강등되었다가 1599년 다시 동래부로 승격되었다.

3 宋公象賢(송공상현): 東萊府使 宋象賢(1551~1592)을 가리킴. 본관은 礪山, 자

珪⁵死之, 二十日, 彦陽⁶陷, 後三日, 永川⁷陷, 列城望風奔潰, 不
可勝記。

● 4월

16일

가군(家君: 손광호)을 모시고 두덕사(斗德寺, 협주: 지금 도덕암이라
함)로 올라갔다.
十六日。

는 德求, 호는 泉谷·寒泉. 1570년 진사에, 1576년 別試文科에 급제하여 鏡城判
官 등을 지냈다. 1584년 宗系辨誣使의 質正官으로 명나라에 다녀왔다. 귀국
뒤 호조·예조·공조의 正郎 등을 거쳐 東萊府使가 되었다. 임진왜란이 일어나
왜적이 동래성에 쳐들어와 항전했으나 함락되게 되자 朝服을 갈아입고 단정히
앉은 채 적병에게 살해되었다. 충절에 탄복한 敵將은 詩를 지어 제사지내 주었다.

4 梁山(양산): 경상남도 동북부에 있는 고을. 북동쪽은 울산광역시, 남동쪽은 부
산광역시 기장군과 금정구, 남서쪽은 김해시, 북서쪽은 밀양시에 접한다.

5 趙公英珪(조공영규): 梁山郡守 趙英珪(?~1592)를 가리킴. 본관은 稷山, 자는
玉瞻. 전라남도 長城에서 태어났다. 무과에 급제하여 龍川府使를 거쳐 梁山郡
守가 되었다. 임진왜란이 일어나자 東萊府使 宋象賢을 찾아가 생사를 같이하기
로 기약한 후, 노모가 있는 양산으로 돌아와 작별하고 다시 동래성으로 갔다.
이때 왜병이 동래성을 포위하고 있었는데, 單騎로 돌진하여 성내로 들어가 끝까
지 싸웠으나, 성이 함락되자 송상현과 함께 殉節하였다.

6 彦陽(언양): 울산광역시 울주군 언양읍 지역의 옛 지명. 동쪽은 범서읍, 서쪽은
상북면, 북쪽은 두동면·두서면, 남쪽은 삼남면과 접한다.

7 永川(영천): 경상북도 남동부에 있는 고을. 동쪽은 포항시·경주시, 서쪽은 대
구·군위군·경산시, 남쪽은 경산시·청도군, 북쪽은 군위군·청송군·포항시와
접한다.

陪家君[8], 上斗德寺【今云道德庵[9]】。

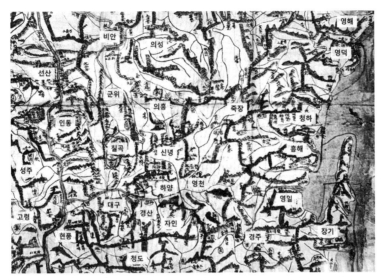

대구·경주·영천·죽장·흥해·영해

17일

옥산원(玉山院: 옥산서원)에 있다가 산기슭으로 올라가 활과 화살
을 등에 메거나 창과 검을 멘 자들이 길에 끊이지 않고 이어진 것을
보니 정혜동(正惠洞: 淨惠洞의 오기인 듯, 옥산리)을 따라 은밀하고 궁
벽한 곳으로 달아났는데, 모두 상도(上道: 경북 북부 지역) 군인으로

---

8 家君(가군): 다른 사람에게 자기의 아버지를 일컫는 말.

9 道德庵(도덕암): 경상북도 경주시 강동면 옥산리에 있는 절. 淨惠寺 12암자 중
하나로, 임진왜란 때 경주 향교의 위패를 보관하기도 했다.

풍문만 듣고서 무너져 온 자들이었다. 본부(本府: 경주부)의 군관 및
관원들 또한 흩어져 달아나서 적이 오지 않았는데도 성은 이미 지킬
사람이 없었다.

七日[10]。

在玉山院[11], 登山麓, 見負弓箭荷鎗劍者, 絡繹[12]於道, 從正惠
洞[13], 隱僻處而走, 皆上道[14]軍人, 聞風潰來者。本府軍官及官員,
亦奔潰, 不待賊至, 城已無人矣。

21일

경주성(慶州城)이 함락되었다는 소식을 듣고서 가족들을 거느리
고 절에 오르는데, 부백(府伯: 경주 부윤) 윤인함(尹仁涵)도 와서 나는
영산(靈山, 협주: 李應仁, 회재 이언적의 양자) 어른과 함께 그를 찾아가
뵈었다. 가족들을 먼저 산에 오르도록 했더니, 늙으신 부모 및 고모
들과 부녀자들이 경황없어 자빠지고 엎어지며 간신히 산으로 올라
갔다.

---

10 七日(칠일): 十七日의 오기.
11 玉山院(옥산원): 玉山書院. 晦齋 李彦迪의 학문과 덕행을 기리고자 1572년 경
  주부윤 李齊閔이 지방유림의 뜻에 따라 창건한 서원으로, 1574년 선조가 옥산서
  원이라는 이름을 내린 사액서원이다.
12 絡繹(낙역): 왕래가 끊이지 않음.
13 正惠洞(정혜동): 경상북도 경주시 강동면 옥산리. 玉川이라고도 하였고, 淨惠
  寺 절이 있고 난 후에는 정혜동이라 부르기도 하였고, 회재 이언적이 溪亭을
  짓고 난 후에는 계정동이라 부르기도 하였다. 원전의 한자가 오기인 듯하다.
14 上道(상도): 안동을 중심으로 한 경상북도 북부 지방.

때는 이미 저문데다 소나기까지 또 내려서 하는 수 없이 도로 내
려왔는데, 옷이 죄다 젖었고 발을 헛디뎌 뒹굴기도 하면서 담쟁이
넝쿨을 부여잡거나 칡덩굴을 잡아당기며 어렵사리 한 칸짜리 초가
에 들었다. 그 처마는 땅에 붙었으니, 곧 승려가 신발을 만드는 초
막이었다. 일고여덟 사람이 겨우 머리만 피할 수 있었을 뿐 노비들
은 모두 그대로 비를 맞은 채 서 있었고, 초가 또한 비가 새어 어쩔
수 없이 절로 내려갈 계획을 세웠다. 비록 비가 그치려 할지라도
밤이 칠흑같이 어두운데다 숲 덤불로 가리고 막혀 암석이 들쑥날쑥
한지 분간할 수 없어서 횃불 하나를 구했는데, 사내종들이 때려 부
수는데 단련되어 초가지붕을 뽑아 만든 것이었다.

절에 도착하자 모두 부백(府伯)의 일행이 차지하고 있었으나 오직
서쪽의 부엌에만 하인이 많지 않아서 온화한 말로 다른 곳으로 가도
록 부탁하고 들어가 쉬었다. 모두 다 젖은 옷을 벗고 땅바닥에 앉았
는데, 마루방 반 칸이 있어서 늙으신 부모가 누울 수 있었다. 마침
숯불 몇 석(石)이 있었는데, 명언(明彦: 노비)이 그것을 이용하여 옷을
말렸고 또 내 옷도 말렸다. 나 또한 숯불 가까이에 앉았다가 몹시
졸려서 땅바닥에 누워 잠깐 자기도 하였다. 송첨(松簷: 경주 손씨 종
택)의 가족들이 절로 내려올 때 또한 초가 한 채를 얻어 어렵사리
몸을 붙여 밤을 보냈다. 영산(靈山: 이응인) 어른은 산 위에서 묵었는
데, 하인이 많아 능히 주위의 섶으로 얽은 은신처를 만들어놓고 그
위에 유둔(油芚: 비 막이 기름종이)으로 비를 가릴 수 있었기 때문이다.

二十一日。

聞慶州[15]城陷, 率眷上寺, 府伯尹仁涵[16]亦來, 余與靈山丈【李應仁[17]】謁之。令家屬先上山，老親諸姑婦女，匍匐[18]傾倒，纔得上山。時已向昏，驟雨又作，不得已還下，襦衣[19]盡濕，推轉蹭蹬[20]，拚蘿引葛，艱投一間草芧[21]。其簷着地，乃僧造鞋幕也。七八人纔得托首，奴婢皆雨立，芧亦雨漏，不得已爲下寺計。雨雖向歇，夜黑如柒，林莽蔽塞，巖石高低，不得分艱，得一炬，奴子擊鍊，拔屋茅爲之者也。到寺，皆爲府伯一行所占，惟西邊廚間，下人不多，以溫語乞移之，入托焉。盡脫濕衣，地坐，有廳半間，老親得憑臥。適有炭數石，明彥用此燎衣，又燎余衣。余亦近炭而坐，

15　慶州(경주): 경상북도 남동부에 위치한 고을. 북동쪽으로 포항시, 서쪽으로 영천시·청도군, 남쪽으로 울산광역시 울주군, 동쪽으로 동해에 접한다.

16　尹仁涵(윤인함, 1531~1597): 본관은 坡平, 자는 養叔, 호는 竹齋. 1553년 진사가 되고, 1555년 식년문과에 급제하였다. 1592년 임진왜란 때 경주부윤으로서 적군을 방어하지 못한 죄로 좌천되었으며, 경주가 함락되자 의병을 모집하여 적과 싸웠다. 1597년 형조참판으로 迎慰使를 겸하여, 명나라 장수를 평양으로 영접하러 나갔다가 객사하였다.

17　李應仁(이응인, 1535~1593): 본관은 驪州, 자는 敬而. 아버지는 경력을 지낸 李通의 셋째아들로 출생했으나 당숙 晦齋 李彦迪의 아들로 입적되었다. 1585년 영산현감을 지냈고, 1590년 사옹원 판관에 임명되었으나 나아가지 않았다. 1593년 4월 4일 역병에 걸려 11일 죽었다. 朴惺의《大菴先生集》권3〈通訓大夫行司饔院判官李公, 淑人張氏祔葬墓誌銘〉에 자세한 기록이 전한다. 이언적의 아버지 李蕃은 孫曄의 증조부 孫仲暾과 처남 매부 사이이다. 곧 이언적의 아들인 이응인은 손엽과 내외숙질 사이이다.

18　匍匐(포복): 손과 발이 함께 간다는 뜻으로, 급히 서두르는 모양을 이름.

19　襦衣(유의): 겨울 3달 동안에 守直軍이 입는 옷이었으나, 임란이후 사람들이 일상적으로 입는 옷을 말함.

20　蹭蹬(층등): 잘못 디뎌 길을 잃음. 발을 헛디디거나 실족함.

21　草芧(초우): 草舍. 볏짚이나 밀짚, 갈대, 왕골, 띠, 풀 따위로 이엉을 만들거나 지붕을 인 집.

困極, 或臥地少睡。松簷²²家屬, 則下寺時, 亦得一草芚, 艱得託
首過夜。靈山丈宿于山上, 多下人, 能爲柴圍²³, 且有油芚²⁴遮雨
故也。

22일

아침 일찍 들어가 부백(府伯: 경주 부윤)에게 인사하자, 부백이 이
윽고 말하기를, "나랏일이 이 지경에 이르러 내가 돌볼 겨를이 없으
니, 나의 식솔들을 곁에서 보살펴주기를 바라네."라고 하였다. 나는
고사하였으나 되지 않았다.

영산(靈山: 이응인) 어른은 저녁에 섶으로 얽어 지냈던 은신처에서
돌아왔는데, 그곳은 숲 덤불이 빽빽하지 않았기 때문이다.

二十二日。

早入拜府伯, 府伯因言: "國事至此, 我不遑處, 幸爲傍護衙
眷²⁵." 余辭不獲。靈山丈, 夕還來舊柴圍, 以彼處林藪不密故也。

23일

산허리의 험준한 곳으로 더욱 올라가 섶으로 얽은 은신처를 만들
었다. 명언(明彦) 노비가 산꼭대기에서 내려와 숨을 헐떡거리며 고

---

22 松簷(송첨): 孫昭(1433~1484)가 지은 경주 손씨 종택. 경주 양동마을에 있다.
23 柴圍(시위): 섶으로 얽은 은신처.
24 油芚(유둔): 비 올 때 쓰기 위하여 이어 붙인 두꺼운 기름종이.
25 衙眷(위권): 지방의 관아에서 살고 있는 수령의 권속. 수령의 식솔.

하기를, "산꼭대기에까지 올라가 엿보았는데, 안 진사(安進士: 安潤
身, 손엽의 첫째 매부)의 노비들이 내상전(內上典: 상전의 부인, 손엽의
누이)을 모시고 고갯마루를 따라 급히 달아나며 말하기를, '정 진사
(鄭進士) 부자가 금방 적에게 해를 입었다.'라고 했사옵니다."라고
하였다. 우리 일가들은 허둥지둥 어찌할 바를 몰랐다.

또 듣건대 왜적들이 산에 올라서 먼저 고갯길을 따라온다고 하기
에 섶으로 얽은 은신처를 헐어버리고 각자 숨을 계획을 세워야 했으
니, 새가 둥지를 찾아들고 짐승이 숨 쉬듯이 세상에 아무런 도움이
되지 못하였다.

날이 또한 장차 어두워져 굶주림과 목마름이 한꺼번에 찾아들었
지만, 수풀 속에 서로 멀리 떨어져 아득하여 서로 알지 못하였다.
더구나 비 올 듯한 기미가 있어서 하는 수 없이 절에 내려가 서로
찾기로 하고 사내종들이 섶을 얽어 깔아놓은 곳에서 묵었다.

이날 놀라고 두려워했던 것은 이루 형용할 수가 없다.

二十三日。

加上嶺腰高險處, 作柴圍。明彥奴, 自嶺上來, 喘慄而告曰:
"適到嶺上覘伺, 見安進士[26]奴子輩, 陪內上典[27], 從嶺頭急走曰:
'鄭進士父子, 卽刻爲賊所害.'" 余一家蒼黃[28], 罔知所爲。且聞倭

---

26 安進士(안진사): 安潤身(1553~1625)을 가리킴. 본관은 廣州, 자는 子粹, 호는
     櫟叟. 경주 출신. 1576년 식년시에 급제하였다. 孫曄의 첫째 매부로 손엽을 이
     어 옥산서원의 제4대 원장을 지냈다.
27 內上典(내상전): 상전의 아내를 지칭하는 말.
28 蒼黃(창황): 어찌할 겨를 없이 매우 급함. 허둥지둥.

登山, 則先從嶺路, 故毀柴圍, 爲各竄計, 鳥投禽息[29]。日亦將昏, 飢渴兼至, 叢薄隔遠, 杳不相聞。且有雨氣, 不得已相索下寺, 寄宿于奴子結柴處。此日驚懼, 不可盡狀。

24일

손시(孫時: 손엽의 4촌 동생)가 김유신(金庾信) 능의 제관(祭官)으로서 향(香)을 받아 제사를 거행한 후에 산성(山城)의 창고로 향했다.

이때 부백(府伯: 경주 부윤)의 부인[押海丁氏]이 산성으로 올라 변란을 피하고 있었다. 만호(萬戶) 이홍정(李弘淨), 봉사(奉事) 김호(金虎) 등이 산성을 지켜 방어하라는 부윤의 명을 받아서 갔고, 순백(順伯: 손시의 字) 또한 갔다. 우리 경주성(慶州城)이 함락된 이후부터 왜적들이 심하게 멋대로 약탈하니, 부인이 산성에서 또 가까운 데의 깊고 험준한 곳으로 옮기느라 허둥지둥 급박했던 것은 형용할 수가 없다. 관아의 노비들이 대부분 흩어져 달아났는데, 부백(府伯)의 8살 외손자가 마침 깊이 잠들어서 옮기려 길 떠날 때 그 사실을 까맣게 잊고 데려가지 않고 거의 4, 5리를 가서야 비로소 사람을 보내어 업고 오도록 했으니, 그 급박함이 이와 같았다.

부백(府伯)의 부인이 나의 아내와 같은 곳에 있기를 청하였으니, 서로 의지하려는 계획이었다. 나도 부백(府伯)의 명을 이미 받아서

---

29 鳥投禽息(조투금식): 禽息鳥視. 짐승이나 새처럼 헛되이 먹이를 구할 뿐 다른 뜻을 갖지 않는 것을 이르는 말. 爵祿을 받을 뿐 세상에 도움이 되지 못함을 이르는 말이다.

그대로 온 식구들이 곁에서 하루를 간호하였지만 묵은 병이 새로
더욱 심해져 하는 수 없이 절에서 내려갔다. 병 조리를 해야만 하는
지경이나 허둥지둥하는 가운데 약물이 갖추어지지 않아 그저 마음
을 졸이며 눈물을 흘릴 뿐이었는데, 부백(府伯)이 사람을 보내 문병
하고 아울러 인삼 약재와 환약을 보내주니 감격스러움이 지극하여
사례할 바를 몰랐다.

二十四日。

孫時[30], 以金庚信陵祭官, 受香行祭後, 因向山城倉。時府伯夫
人[31], 登山城避患。李萬戶弘淨[32], 金奉事虎[33]等, 以守衛山城, 承
府伯命往, 順伯亦往。從自本府城陷後, 賊大肆暴掠, 夫人自山
城, 又移近地幽險處, 蒼黃窘迫[34], 不可形容。衙奴[35]多散走, 府

---

30 孫時(손시, 1555~1603): 본관은 月城, 자는 順伯. 아버지는 孫光曙이다. 1599
년 무과에 급제하였다. 曺好益의《芝山集》〈判官孫公墓誌銘 幷序〉가 있다.

31 府伯夫人(부백부인): 尹仁涵의 부인 押海丁氏. 丁應斗(1508~1572)의 둘째딸
로, 어머니는 恩津宋氏 宋世忠(1468~1527)의 딸((1509~1580)이고, 할아버지
는 丁玉亨이다.

32 李萬戶弘淨(이만호홍정): 李弘淨(생몰년 미상). 본관은 慶州. 할아버지는 李漢
柱, 아버지는 李乙奎이다. 이을규의 둘째 아들이다.

33 金奉事虎(김봉사호): 金虎(1534~1592). 본관은 慶州, 자는 德元, 호는 月菴.
1570년 무과에 급제하여 훈련원 봉사를 지낸 후 향리에 거주하다가 1592년 임진
왜란이 일어나자 의병을 일으켰다. 당시 경주부의 지방관들이 도망가자 招諭使
金誠一에 의해 義兵都大將이 되어 召募官 朱士豪, 召募有司 崔臣麟 등과 함께
경주에서 왜군을 물리쳤다. 이때의 전공으로 부산 첨사가 되었다. 그러나 경주
부에 주둔한 왜군을 고립시키기 위해 도로를 막고 왜군의 북상을 저지하다가
언양에서 진격해온 적의 기병 500명과 맞서 50여 명의 적을 죽이는 전과를 올렸
으나 1592년 8월 5일 전사하였다.

伯外孫年八歲者, 適熟寢, 治行時, 忘不帶率, 幾至四五里, 始促
人負來, 其窘急如此。府伯夫人, 請與吾家內眷[36]同處, 爲相依
計。余旣承府伯命, 仍合眷從傍看護一日, 新瘧添劇, 不得已爲
下寺。將攝之地, 奔遑中, 藥餌無備, 只自煎泣, 府伯送人問疾,
兼惠蔘料丸藥, 感激之至, 罔知攸謝。

25일

 안강(安康) 사람들이 난리를 틈타 자물쇠를 부수고 창고의 곡식을
훔쳐 갔다. 각 마을의 사람들도 풍문을 듣고 가서 훔치니, 며칠 만
에 품팔이 양식까지 거덜나고 말았다. 무뢰배들이 이 때문에 작당
하여 거짓으로 왜인의 옷을 입고서 왜인의 말투로 깃발을 들고 칼을
휘두르며 민간을 약탈하였는데, 민가에 불 지르고 다음으로 창고까
지 태웠으니 자신들의 흔적을 없애려는 계획이었다. 부장(部將) 이
소정(李素精)이 난동을 부린 괴수 이한수(李漢守)란 자를 뒤쫓아가서
그의 목을 베어 남문(南門)에 걸어두니, 그 무리가 조금이나마 잠잠
하였다. 역자(驛子: 역참에 딸린 구실아치)의 무리가 관아의 곡식을 수
색해 찾는다는 명분으로 마을마다 소란을 피우며 몹시 떠들썩했는
데, 마을 사람들이 포박하여 두 사람을 흥해(興海)로 보내 관아에서
는 그들의 목을 베니 그 무리가 조금이나마 잠잠하였다.

---

34 窘迫(군박): 어려운 고비에 막혀 일의 형세가 급함.
35 衙奴(아노): 지방의 수령이 사사로이 부리는 관아의 사내종.
36 內眷(내권): 안식구. 남에게 자신의 아내를 겸손하게 일컫는 말.

○ 하루는 이소정이 활과 화살을 메고 와서 만났는데, 왜적을 뒤쫓아가서 목을 벤 상황을 이야기하니 인심이 그것에 의지하여 조금이나마 위안이 되었다.

○ 적화곡(赤火谷: 안강현 서쪽에 있는 마을) 사람 최광한(崔光漢) 또한 세상을 어지럽힌 도적의 괴수였는데, 이소정에게 중상을 입어 거의 목숨을 잃을 뻔했으나 다행히 모면하였다. 훗날 최광한은 부백(府伯: 경주 부윤)의 군관(軍官)이 되어 군공을 세워 1등을 차지하였다. 예로부터 걸출한 자는 난리를 틈타 봐야 도적인 줄 알 수 있다.

○ 순무사(巡撫使) 조위(曹瑋)는 전날 순변사(巡邊使) 이일(李鎰)의 군대가 상주(尙州)에서 패하자 강원도(江原道)를 거쳐 와 고행동(苦行洞)에 임시로 지냈다. 하루는 나를 만나보러 와서 말하기를, "전투에서 패했던 날에 일행의 종사(從事)·군관(軍官) 및 날랜 군졸과 전마(戰馬)가 모두 적의 칼날에 베였고, 이희룡(李希龍)의 무리 또한 죽은 곳을 알지 못한다."라고 하였다.

二十五日。

安康[37]人, 乘亂碎鏞, 偸取倉穀。各村人, 聞風往取, 數日而盡傭食。無賴之徒, 因而結黨, 假作倭服倭聲, 擧旗揮劍, 恸掠閭里, 放火人家, 次焚倉庫, 欲爲滅跡之計。部將李素精, 逐斬亂魁李漢守者, 懸諸南門, 其黨少熄。驛子輩, 以搜覓官穀爲名, 逐村作亂, 爲多叱, 村人所捉縛, 送二人于興海[38], 官斬之, 其黨少

熄。○一日, 素精帶弓箭來見, 言逐斬之狀, 人心依以少慰。○赤
火谷[39]人崔光漢, 亦以亂賊魁, 爲素精所擊傷, 幾獲幸免。後光漢
爲府伯軍官, 軍功居一等。自古傑特者, 乘亂爲賊可知。○巡撫
使曺瑋[40], 前以巡邊使李鎰[41]軍, 敗於尙州[42], 由江原道來, 寓苦行
洞。一日來見, 言: "敗軍日, 一行從事·軍官及諸銳卒·戰馬, 皆
陷, 李希龍[43]輩, 亦不知死處."云。

---

39 赤火谷(적화곡): 경상북도 경주시 강동면 서쪽에 있는 마을.

40 曺瑋(조위, 1555~?): 본관은 昌寧, 자는 汝獻. 경주 출신. 1599년 무과에 급제
하였다.

41 李鎰(이일, 1538~1601): 본관은 龍仁, 자는 重卿. 1558년 무과에 급제하여, 전
라도 수군절도사로 있다가, 1583년 尼湯介가 慶源과 鐘城에 침입하자 慶源府
使가 되어 이를 격퇴하였다. 임진왜란 때 巡邊使로 尙州에서 왜군과 싸우다가
크게 패배하고 충주로 후퇴하였다. 충주에서 도순변사 申砬의 진영에 들어가
재차 왜적과 싸웠으나 패하고 황해로 도망하였다. 그 후 임진강·평양 등을 방어
하고 東邊防禦使가 되었다. 이듬해 평안도병마절도사 때 명나라 원병과 평양을
수복하였다. 서울 탈환 후 訓鍊都監이 설치되자 左知事로 군대를 훈련했고, 후
에 함북순변사와 충청도·전라도·경상도 등 3도 순변사를 거쳐 武勇大將을 지
냈다. 1600년 함경남도병마절도사가 되었다가 병으로 사직하고, 1601년 부하를
죽였다는 살인죄의 혐의를 받고 붙잡혀 호송되다가 定平에서 병사했다.

42 尙州(상주): 경상북도 서북부에 있는 고을. 동쪽은 예천군·의성군, 서쪽은 충청북
도 옥천군·보은군·영동군, 남쪽은 구미시·김천시, 북쪽은 문경시와 접해 있다.

43 李希龍(이희룡, ?~1592): 본관은 沃溝, 자는 應端. 1592년 임진왜란이 일어나
왜적이 쳐들어오자 임금을 따라 의주에 피난하였다가 영남의 적세를 정탐해 오
라는 명을 받고 경주·울산 등지를 다니면서 적의 동정을 살피고 의주로 돌아가
려다가 충주에서 적에게 발각되었다. 이때 혼자 힘써 싸우다가 죽었다. 아들 李
文軫이 아버지의 죽음에 대해 듣고 충주에 가서 부친의 시신을 찾다가 신녕에서
적을 만나 힘써 싸우다가 죽었다. 그의 아내는 남편을 주검을 거두어 장사지내고
전장에서 시아버지의 시신을 찾다가 찾지 못하자 마침내 자결하였다.

● 5월

28일

초유사(招諭使) 김성일(金誠一)의 초유문(招諭文)을 보았는데, 임금과 신하 사이의 대의(大義)는 인간의 본성으로 똑같은 것이라며 격려하고 권장하였으니, 선비들이 모두 감격하여 떨쳐 일어났고 심지어 눈물을 흘리는 자까지 있었다.

五月

二十八日。

見招諭使金誠一[44]招諭文, 以君臣大義, 彛性所同, 激厲獎勸, 士皆感奮, 至有泣下者。

● 6월

7일

우리 세 가족과 진사 안윤신(安潤身)의 가족이 하산하여 죽장(竹

---

44 金誠一(김성일, 1538~1593): 본관은 義城, 자는 士純, 호는 鶴峯. 1564년 사마시에 합격했으며, 1568년 증광문과에 급제하였다. 1577년 사은사의 서장관으로 명나라에 가서 宗系辨誣를 위해 노력했다. 그 뒤 나주목사로 있을 때는 大谷書院을 세워 김굉필·조광조·이황 등을 제향했다. 1590년 通信副使가 되어 正使 黃允吉과 함께 일본에 건너가 실정을 살피고 이듬해 돌아왔다. 이때 서인 황윤길은 일본의 침략을 경고했으나, 동인인 그는 일본의 침략 우려가 없다고 보고하여 당시의 동인 정권은 그의 견해를 채택했다. 임진왜란이 일어나자, 잘못 보고한 책임으로 처벌이 논의되었으나 동인인 柳成龍의 변호로 경상우도 招諭使에 임명되었다. 1593년 경상우도 관찰사 겸 순찰사를 역임하다 晉州에서 병으로 죽었다.

長)을 향해 길주령(吉州嶺)을 넘고 석혈연(石穴淵) 가에서 한 사람을
만났는데, 활을 집고 화살을 메겼지만 파리하고 곤궁한 채로 정처
없이 떠돈 걸음이었다. 나는 미처 알아보지 못했으나 그가 먼저 나
를 알아보고서 가슴이 메어 와 말을 제대로 잇지 못하였으니, 곧
자인현(慈仁縣)에 사는 녹사(祿事) 이몽두(李夢斗)로 경성(京城)에서
샛길로 내려온 것이었다. 갑작스레 이전부터 알고 지낸 사람을 만
나보니, 기쁨과 슬픔이 번갈아 밀려들었다. 전란 이후로 경성의 소
식을 까마득히 알지 못했는데, 이생(李生: 이몽두)으로 인하여 비로
소 자세히 듣게 되었다.

신립(申砬)이 충주(忠州)에서 패하고 강물에 뛰어들어 죽었으며,
4월 그믐날 주상(主上)이 도성을 떠나려고 한밤중에 신문(新門: 서대
문)을 통해 나서자 궁녀들이 혹 걸어서 가기도 하였으며, 큰비가 종
일토록 쏟아지는데도 송도(松都)로 향하니 호종(扈從)이 매우 초라
하였으며, 도성의 백성들이 통곡하고 흩어져버리니 5월 3일 왜적들
이 세 길로 나뉘어 입성하고 대가(大駕)를 파주(坡州)까지 추격했으
나 임진강(臨津江)이 앞에 놓여있어 더 추격할 수 없었으며, 도성의
사람들이 늙고 병들거나 재물을 탐내는 자들이어서 도성 안의 왜적
들이 처음에는 제멋대로 살해하였으나 나중에는 그다지 심하지 않
았으며, 철원(鐵原)에서 지원병 50명을 모집하여 밤을 틈타 도성을
넘어 왜적 30여 명의 머리를 베니 왜적들이 노하여 그 후로부터 사
람을 만나면 닥치는 대로 죽였다고 하였다.

이생(李生: 이몽두)은 대가(大駕)를 따라 도성을 벗어나 달아나 양
주(楊州)의 서산에 오르고 14일에서야 비로소 떠나올 수 있었는데

몹시 힘들어 고생스러웠고 굶주려 고달팠던 것은 자못 형용할 수
가 없었으며, 길에서 미처 경성의 소식을 듣지 못했으나 간혹 승전
의 소식이 있었지만 모두 확실하지 않았으며, 대체로 풍문만 듣고
도 달아나 흩어지는 것이야 도성이나 시골이나 모두 다 그러하였
으며, 남병사(南兵使: 李渾)가 군사 2,800여 명을 거느리고 구원하
는데 활이 강하고 말이 건장하여 한번 전공(戰功) 세우기를 바랐다
고 하였다.

그리고 말하기를, "궁궐은 기강이 크게 해이해져 도성을 떠나는
날 하교(下敎)하기를, '내일 선정문(宣政門)의 전좌(殿坐)를 백관(百
官: 조정의 모든 벼슬아치)이 활을 들고 갑옷을 입고서 들어와 호위하
도록 하라.'고 하였으나 기일에 맞춰서 조정의 신하들이 대부분 나
아가지 않았고 의금부 도사(義禁府都事) 또한 태반이 하교를 따르지
않았다."라고 하였다. 이 말을 듣고서 통곡을 금할 수가 없었다.

六月

初七日。

吾三家與安進士潤身家, 下山向竹長[45], 踰吉州嶺, 石穴淵邊,
遇一人, 持弓握矢, 羸困狂步。余不及知, 彼先識余, 掩抑不能
言, 乃慈仁[46]居祿事李夢斗, 自京從間道來者也。忽見舊知, 喜憯
交至。自變後, 京城消息, 杳不聞知, 因李生, 始得細聞。申砬[47]

---

45 竹長(죽장): 경상북도 포항시 북구 죽장면 지역.
46 慈仁(자인): 경상북도 경산지역의 옛 지명.
47 申砬(신립, 1546~1592): 본관은 平山, 자는 立之. 1567년 무과에 급제하여

敗于忠州⁴⁸, 赴水死, 四月晦日, 主上去邠⁴⁹, 夜半由新門⁵⁰出, 宮
女或步行, 大雨終日, 向松都⁵¹, 扈從甚草草⁵², 都民痛哭潰散, 五
月初三日, 賊分三道入城, 追駕于坡州⁵³, 臨津⁵⁴在前, 不能及, 都
人老病者·貪財者, 在城中賊, 初則大肆殺害, 後不至甚, 鐵原⁵⁵
兵五十自募, 乘夜踰城, 斬賊三十餘首, 賊怒, 此後逢人多殺。李
生從動駕⁵⁶, 得出城, 走登楊州⁵⁷西山, 十四日始發, 艱難飢困, 殆

1583년 북변에 침입해온 尼湯介를 격퇴하고 두만강을 건너가 野人의 소굴을
소탕하고 개선, 함경북도 병마절도사에 올랐다. 임진왜란 때 三道都巡邊使로
임명되어 忠州 達川江 彈琴臺에서 背水之陣을 치며 왜군과 분투하다 패배하여
부하 金汝岉과 함께 강물에 투신 자결했다.

48 忠州(충주): 충청북도 동북부에 있는 고을. 동쪽은 제천시, 서쪽은 음성군, 남쪽
은 괴산군, 북쪽은 강원도 원주시와 경기도 여주시에 접하고 있다.

49 去邠(거빈): 임금이 전란을 피해 서울을 버리고 다른 곳으로 옮겨가는 것. 원래
邠은 중국 周나라의 서울이었는데, 太王이 오랑캐의 침입을 받자 이를 피하기
위해 岐山 밑으로 옮겨간 고사에서 유래하였다.

50 新門(신문): 도성의 4대문의 하나인 敦義門(西大門)을 통속적으로 이르는 말.

51 松都(송도): 開城. 松嶽山 밑에 있던 서울이란 뜻으로 일컫는 말이다.

52 草草(초초): 간략한 모양을 이르는 말. 여기서는 초라하다는 뜻으로 쓰였다.

53 坡州(파주): 경기도 북서부에 있는 고을. 동쪽은 양주시, 남쪽으로는 고양시,
북쪽으로는 연천군과 군사분계선을 경계로 북한의 개성시와 접한다.

54 臨津(임진): 臨津江. 함경남도 馬息嶺에서 발원하여 서남쪽으로 흘러 경기도
坡州市에서 황해로 들어가는 강.

55 鐵原(철원): 강원도 북서부에 있는 고을. 동쪽은 김화군, 서쪽은 이천군과 황해
도 금천군, 남쪽은 경기도 연천군, 북쪽은 평강군과 접하고 있다.

56 動駕(동가): 임금이 탄 수레가 대궐 밖으로 나감.

57 楊州(양주): 경기도 중북부에 있는 고을. 동쪽으로는 포천시, 서쪽으로는 파주
시·고양시, 남쪽으로는 의정부시와 서울특별시 도봉구, 북쪽으로는 동두천시·
연천군과 접한다.

不可形, 於路未聞京奇, 或有捷音, 皆不實, 大抵望風奔潰, 京外
皆然, 南兵使[58]領軍二千八百餘人入援, 弓強馬健, 庶望一功。且
言: "輦轂之下[59], 紀綱太解, 離都之日, 下敎, 明日宣政門[60]殿坐,
百官弓甲入衛, 而及期, 朝臣多不赴, 禁府都事亦太半不從。"云。
聞來, 不勝痛哭。

9일

먼동이 틀 무렵에 최계종(崔繼宗)·권응생(權應生)·백이소(白以昭)·
이용갑(李龍甲)·이눌(李訥)·손시(孫時)·최봉천(崔奉天)과 함께 정예
병 300여 명을 이끌고 문천(汶川: 蚊川) 가에 모였다.

初九日。

---

58 南兵使(남병사): 조선 시대에 함경도를 南道와 北道로 나누고, 남도의 北靑에
   둔 병사. 북도의 鏡城에 둔 병사를 북병사라고 하였다. 이때 남병사는 李渾(1543~
   1592)이었다. 본관은 全州. 1567년 무과에 급제한 후 1588년 端川 군수를 비롯한
   내외요직을 두루 역임하고 慶源 부사 재직중인 1589년 1월 武臣들을 순서에 의하
   지 않고 승자시켜 수·병사에 기용하는 특예가 시행될 때 좌찬성 兪泓의 추천을
   받았다. 그 후 부령부사, 전라우도 수군절도사 및 제주목사를 차례로 역임한 다음
   함경도 남병사에 부임 1592년 임진왜란이 일어난 5월 휘하 장병을 이끌고 양주에
   이르러 副元帥 申恪의 병력과 합세, 양주의 蟹嶺(속칭 게너머 고개)에서 왜적을
   요격하여 적 70여급을 참수하는 전과를 올렸다. 1592년 6월 12일 관북방면으로
   진격중인 왜장 加藤 및 毛利의 공격에 밀려 방어하던 鐵嶺을 버리고 甲山으로
   퇴각하다가 奇春年, 朴延文 등 附敵亂民들의 기습을 받고 싸우다가 아들과 함께
   전사하여 후사가 끊겼다.
59 輦轂之下(연곡지하): 도성. 임금이 타는 수레 밑이라는 뜻으로 가깝다는 의미이다.
   輦轂은 임금이 타는 수레이다.
60 宣政門(선정문): 宣政殿의 정문. 선정전은 왕이 고위직 신하들과 함께 일상 업
   무를 보던 便殿이다.

昧爽[61], 與崔繼宗[62] · 權應生[63] · 白以昭[64] · 李龍甲[65] · 李訥[66] · 孫時 · 崔奉天[67], 率精兵三百餘人, 會汶川[68]上。

___

61 昧爽(매상): 날이 밝아올 무렵. 동틀 무렵.

62 崔繼宗(최계종, 1570~1647): 본관은 慶州, 자는 慶承, 호는六宜堂. 인조 때 삼도수군통제사를 지낸 潛窩 崔震立의 동생이다. 임진왜란 때 숙부 崔奉天, 형 최진립과 함께 의병을 일으켜 많은 전공을 세웠다. 1594년 무과에 급제하여 西生浦 수군첨절제사를 거쳐 藍浦縣監에 제수되었으나 1618년 仁穆大妃의 西宮幽閉 사건 때 벼슬을 거역한 죄로 유배되었다가 이후 풀려나 은거하며 여생을 보냈다.

63 權應生(권응생, 1571~1647): 본관은 安東, 자는 命世, 호는 魯軒. 1592년 임진 왜란이 일어나자, 당시 약관의 나이로 당숙인 權士諤과 숙부 權士敏과 함께 인근 주민과 노복들로 의병을 조직해 郭再祐의 휘하에 들어가 여러 번 전공을 세웠다. 1605년 진사시에 합격하고, 1612년 蔭補로 참봉에 제수되었다. 그 뒤 奉事와 直長을 역임한 뒤, 1616년 平丘道察訪이 되었다가, 광해군의 폭정이 심해지자 벼슬을 버리고 향리로 돌아가 학문연구와 저술에 힘썼다.

64 白以昭(백이소, 1557~1597): 본관은 淸道, 자는 隆遠, 호는 傅巖. 경주 출신. 아버지는 白熹이다. 1594년 무과에 급제하였다. 1592년 임진왜란이 일어나자 붓을 던지고 집안과 나라를 위해 몸을 던졌으니, 건천 주사간과 열박재 등에서 왜적을 막아 공을 세웠다.

65 李龍甲(이용갑, 생몰년 미상): 본관은 慶州, 자는 起雲. 1594년 무과에 급제하였다.

66 李訥(이눌, 1569~1599): 본관은 淸安, 자는 若愚, 호는 樂義齋. 1592년 임진왜란이 일어나 東萊 함락의 소식을 들은 지 4일 만에 거주지 경주에서 '天使將'을 칭하면서 의병을 일으켰다. 東嶺 · 孝嶺 · 羅兒嶺 등을 지켰으며, 石邑洞에 들어온 적을 물리쳤다. 계속하여 花潭 · 羅兒谷 · 影池 등에서 적군을 격파하였으며, 權應銖 · 崔德良이 지휘하는 부대와 합동작전을 펴기도 하였다. 1596년 9월에 휘하 500명을 이끌고 대구로 가서 여러 의병장과 함께 연합하였다. 1597년 火旺에서 郭再祐와 만났고, 통제사 元均이 패전한 후 月城으로 부대를 옮긴 후 대구에서 전투를 벌이다 부상하였다. 전쟁이 끝난 뒤인 1599년에 의병을 해산하였으며, 書室을 중건하여 학문활동을 하던 중 부상한 곳이 악화되어 죽었다.

67 崔奉天(최봉천, 1564~1597): 본관은 慶州, 자는 國輔, 호는 耘庵. 1588년 무과

18일

판관(判官) 박의장(朴毅長)이 영해(寧海: 영덕)의 본가에서 와 부백
(府伯: 경주 부윤)을 뵙고 나서 그대로 공무를 수행하였다.

十八日。

判官朴毅長[69], 自寧海[70]本家, 來謁府伯, 因行公[71]。

● 7월

6일

판관(判官: 박의장)이 자인(慈仁: 慶山)에 갔다. 자인현 사람 최사길

에 급제하였다. 1592년 임진왜란이 일어나자 조카 崔震立과 함께 의병을 일으켜
언양·여천·울산 등지에서 활약하고 경주성을 수복하는 전투에서 큰 공을 세웠
다. 이 공으로 訓鍊院正을 거쳐 1596년 慶尙左道水軍虞候로 승진되었다. 1597
년 정유재란이 일어나자 역시 의병을 일으켜 활약하다가 영천의 倉巖전투에서
전사하였다.

68　汶川(문천): 蚊川. 경상북도 경주시의 외동읍 신계리·괘릉리에서 발원하여 서
　　북쪽으로 흐르다가 월성에서 서쪽으로 방향을 바꾸어 형산강으로 합류하는 하
　　천. 경주 시내를 중심으로 남쪽에 있다고 하여 南川으로 부르기도 하고, 경주시
　　내 남쪽의 남천 하상이 주로 모래로만 이루어졌기 때문에 沙川으로 부르기도
　　한다.

69　朴毅長(박의장, 1555~1615): 본관은 務安, 자는 士剛. 1577년 무과에 급제하였
　　다. 1592년 임진왜란 때 慶州府尹으로서 경상좌도 병마절도사 朴晉과 함께 경주
　　탈환 작전에서 火車인 飛擊震天雷를 사용하여 적군을 크게 무찔렀다. 그 전공으
　　로 경상좌도 병마절도사에 승진하였으나 재임 중에 임지에서 61살로 죽었다.

70　寧海(영해): 경상북도 盈德의 옛 지명. 북쪽은 병곡면·창수면, 남쪽은 축산면·
　　지품면, 서쪽은 영양군에 접하고, 동쪽은 동해에 면한다.

71　行公(행공): 공무를 집행함.

(崔士吉)이 화살을 쏘아 왜장을 말에서 떨어뜨렸으나 왜적들이 싣고 가버려 미처 왜장의 머리를 베지 못했지만, 왜적의 말 및 안장 등을 획득했는데, 말이 몹시 날래었으니 왜적이 통곡하고 갔다.

판관 및 이몽량(李夢亮)과 최봉천(崔奉天)이 각자 왜적 1명의 머리를 베자, 경산(慶山)의 왜적들이 대구(大邱)의 왜적에게 구하러 오도록 청했으나 또한 힘써 싸워서 물리쳤는데, 목이 칼에 베여 죽거나 화살에 맞아 죽은 자 또한 많았다.

대체로 전란 초부터 지금까지 자인현 사람 최문병(崔文炳)이 군사를 모아서 진을 치고 창고의 곡식을 지켜 보전하여 적이 쳐들어오지 못하도록 하였으니, 모두 이 사람의 공이었다. 훗날 병사(兵使: 朴晉)의 장계(狀啓)로 별좌(別座)에 제수되었다.

七月

初六日。

判官往慈仁。慈仁人崔士吉[72], 射倭將墜馬, 賊載去, 未及斬頭, 得賊馬及鞍子等物, 馬甚駿, 賊痛哭而去。判官及李夢亮·崔奉天, 各得一級, 慶山[73]賊請大邱[74]賊來, 亦力戰卻之, 割一馘·箭

---

72 崔士吉(최사길, 생몰년 미상): 본관 永川, 자는 士老. 경주 출신. 아버지는 崔克復, 동생은 崔士慶이다.

73 慶山(경산): 경상북도 남부에 있는 고을. 동쪽은 경주시·영천시, 서쪽은 대구광역시, 남쪽은 청도군, 북쪽은 영천시와 접하고 있다.

74 大邱(대구): 경상북도 남부 중앙에 있는 고을. 동쪽은 경상북도 경산시, 서쪽은 경상북도 성주군과 고령군, 남쪽은 경상북도 청도군과 경상남도 창녕군, 북쪽은 경상북도 칠곡군과 군위군 및 영천시와 접한다.

殪者亦多。大抵，自初至今，慈仁人崔文炳[75]，聚軍結陣，保守倉
穀，使賊不得衝突，皆此人之功也。後兵使狀啓，拜別座。

11일

영천(永川)의 진사 정세아(鄭世雅)가 병사(兵使: 박진)를 만나는 일
로 안덕(安德: 청송 지역)에 갔는데, 지나는 길에 들러 가군(家君: 孫光
暭)을 만나보았다. 병사가 정세아를 의병대장으로 임명한 까닭에
사양하려고 갔던 것이다.

十一日。

永川鄭進士世雅[76]，謁兵使事，往安德[77]，歷入見家君。兵使命
鄭義兵將，故欲往辭焉。

---

75 崔文炳(최문병, ?~1599): 본관은 永川, 자는 日章. 호는 省齋. 1592년 임진왜
란이 일어나자 향리에서 의병을 모집하여 千丈山에서 적의 침입을 격퇴하였으
며, 다시 청도의 의병장 朴慶傳과 합세하여 杜谷·仙巖·佳旨縣 등지에서 적을
무찔렀다. 이어 다시 權應銖와 합세하여 영천의 적을 물리친 공으로 1593년에는
兵使 朴晋의 상주로 인하여 監牧官이 되었다.

76 鄭進士世雅(정진사세아): 진사 鄭世雅(1535~1612). 본관은 迎日, 자는 和叔,
호는 湖叟. 永川에서 세거하였다. 1592년 임진왜란이 일어나자 士族으로 향촌
의 자제들을 동원하여 편대를 정하고 격문을 작성하여 의병을 규합, 900여명을
모집하여 의병대장이 되었다. 그 때 郭再祐는 의령에서, 權應銖는 신령에서 각
각 기병하여 서로 성원하였다. 그 해 8월 권응수의 지휘 아래 영천 의병장 鄭大
任·鄭天賚·曺誠·申海 등과 함께 영천 朴淵에서 왜적과 싸워 큰 전과를 거두고
영천성을 수복하였으나, 전공포상은 받지 못하였다. 영천성을 수복한 데 이어
다시 경주의 왜적을 격퇴하였다. 이로 인하여 낙동강 왼쪽이 온전하였다. 이듬해
평양과 서울이 차례로 수복되자 군사를 曺希益에게 맡기고 紫陽으로 돌아갔다.

77 安德(안덕): 경상북도 청송군의 서쪽에 있는 고을. 북동쪽은 파천면, 동쪽은 부
남면, 남쪽은 현서면·현동면, 서쪽은 안동시 길안면에 접한다.

22일

영천(永川) 사람들이 성안의 왜적들을 포위하였고, 다음날 성을 수복하였다. 신녕(新寧)과 경주(慶州)의 군대 또한 왜적을 많이 참획(斬獲)하였으니 합계가 500여 급(級)이었다. 좌계(左界: 낙동강 좌측 지역)의 의병대장 권응수(權應銖)와 영천의 정대임(鄭大任)이 한 고을의 왜적을 남김없이 섬멸하였으니, 다른 고을에는 일찍이 있지 않았던 것으로서 실로 뛰어난 전공이었다.

二十二日。

永川人圍城倭, 翌日復城。新寧[78]·慶州軍, 亦多斬獲, 合五百餘級。左界義兵大將權應銖[79], 與永川鄭大任[80], 殲盡一邑之賊,

---

78 新寧(신녕): 경상북도 영천시에 있는 고을. 동쪽은 노고산을 경계로 화산면, 서쪽은 팔공산의 연봉을 사이에 두고 군위군, 남쪽은 팔공산의 연봉을 사이에 두고 청통면·대구광역시, 북쪽은 화산 등을 경계로 군위군에 접한다.

79 權應銖(권응수, 1546~1608): 본관은 安東, 자는 仲平, 호는 白雲齋. 경상북도 영천 신녕 출신. 아버지는 權德臣이다. 1583년 별시무과에 급제, 修義副尉權知를 거쳐 訓鍊院副奉事로서 의주 용만을 지켰으며, 그 뒤 경상좌수사 朴泓의 막하에 있다가 1592년 임진왜란이 일어나자 고향에 돌아가 의병을 모집하여 궐기했다. 이 해 5월부터 활동을 전개해 여러 곳에서 전과를 올리고, 6월에 경상좌도 병마절도사 朴晉의 휘하에 들어갔다가 7월에 각 고을의 의병장을 규합해 의병대장이 되었다. 이 무렵 영천에 있던 적군은 신녕·안동에 있던 적군과 연락하면서 약탈을 일삼고 있었기 때문에, 이를 공격할 계획을 세우고 7월 14일 적을 朴淵에서 치고, 22일에는 召溪·沙川까지 추격해 격파했다. 한편 이날 군세를 정비하고 영천성 공격을 위해 선봉장에 洪天賚, 左摠을 申海, 右摠을 崔文柄, 中摠을 鄭大任, 別將을 金潤國으로 삼았다. 25일 군사를 동원해 공격을 시작하고 26일에는 결사대원 500명을 뽑아 적진으로 돌격해 크게 격파했다. 다음 날에는 火攻으로 대승, 영천성을 수복했다. 그 뒤 신령·의흥·의성·안동의 적은 모두 한 곳에 모였고, 영천의 적은 경주로 후퇴하였다. 그 공으로 경상좌도병마절도사우후가

他邑所未有, 實奇功也。

27일

양관(兩官: 군관 권응수와 판관 박의장)이 성법현(省法縣: 省法峴)에 있으면서 명령을 전하여 군사를 모으도록 했으니 적을 치려는 계획 이었는데, 한 고을의 관속(官屬) 및 정예병 모두가 도착하여 군대의

되었다. 그 뒤 좌병사 박진의 휘하에 들어가 8월 20일 제2차 경주탈환전의 선봉으로 참가했으나 패전했다. 12월에는 좌도조방장으로 승진했다. 1593년 2월에는 순찰사 韓孝純과 함께 7군의 군사를 합세해 문경 唐橋에서 적을 대파하고, 25일에는 山陽塔前에서 적병 100여 명의 목을 베는 등 큰 전과를 올렸다. 이어 좌도병마절도사가 되었다. 4월에 안동의 慕恩樓 밑에서 적을 크게 격파한 다음 九潭까지 추격해 적 100여 명을 사살했고, 7월에는 밀양의 적을 격파했다. 9월에는 좌도방어사로 특진되었다. 1594년 정월에는 경상도병마좌별장이 되고, 4월에는 黃龍寺 부근에서 적을 격파했다. 7월에는 충청도방어사를 겸직하고 李思命의 군사를 대신 거느리고 은진현감 李穀과 함께 倉巖에서 가토[加藤淸正]군을 대파했다. 1595년 정월에는 경상좌도방어사를 겸했고, 4월에는 兄江에서 적을 대파했다. 1597년 9월 정유재란 때 관찰사 李用淳, 병마절도사 金應瑞와 같이 달성까지 추격했다. 11월에는 왕명으로 명나라의 副總兵 解生을 따라 함경·강원 兩路의 병을 거느렸다. 經理인 楊鎬와 麻貴를 따라 1·2차 울산 전투에 참가했다.

80 鄭大任(정대임, 1553~1594): 본관은 迎日, 자는 重卿, 호는 昌臺. 영천 출신. 1592년 임진왜란이 일어나자 의병을 모아 唐旨山에서 복병으로 적을 크게 무찌르고 이어 7월에 영천지역 의병 수백 명을 거느리고 영천성을 수복하기 위한 전투에 참가하여 경상도 의병장들과 협력하고 中摠의 직책을 맡아 왜군을 크게 격파시켜 전공을 쌓았다. 그 뒤 영천에서 신령으로 이동하는 적군을 권응수와 함께 요격, 朴淵에서 대승하고 영천수복에 공을 세웠다. 용궁·비안의 전투에서도 다수의 적을 斬獲하고 병사 朴晉과 함께 경주탈환전에 용명을 떨쳤다. 이듬해 太和江의 적군을 공격, 종일 역전하여 많은 전과를 올린 공으로 1593년 비안현감·훈련원첨정·예천군수·경상좌도병마우후를 역임하였다. 1594년 무과에 급제, 陞品되기도 전에 적군과 싸우다가 죽었다.

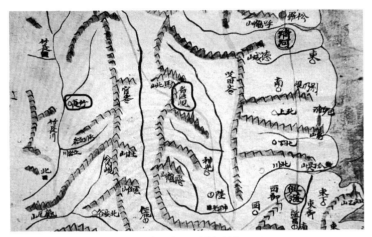

죽장(竹長) 성법현(省法峴)

위세가 자못 떨치게 되었다.

이날 양관(兩官)을 뵈러 성법현에 갔고, 또 부백(府伯: 경주 부윤)에게 전투에 참여하도록 청하였으며, 대솔(帶率)이 되어 죽장(竹長)으로 되돌아갔다.

二十七日。

兩官[81]在省法縣[82], 傳令聚軍, 爲擊賊計, 一府官屬及精兵皆到, 軍勢頗振。是日, 往謁兩官于省法, 且請從戎[83]于府伯, 帶率還歸

---

81 兩官(양관): 당시 안동에 있던 兵使 朴晉의 軍官 權應銖와 慶州 判官 朴毅長을 가리키는 듯.

82 省法縣(성법현): 省法峴의 오기. 경상북도 포항시의 북구 기북면 성법리에서 죽장면 상옥리로 넘어가는 고개. 省法嶺, 省法峙 등으로도 표기된다.

83 從戎(종용): 종군함. 참전함.

竹長。

● 8월

1일

부백(府伯: 경주 부윤)이 현동(縣洞)에 있었는데, 민폐를 생각하여 한 곳에 오랫동안 머무르려고 하지 않았다. 차례로 순찰할 곳을 정하지는 않았지만, 이때 경주의 백성들이 무너지고 흩어지는데 이르지 않은 것은 진실로 부백(府伯)이 마음을 다하여 진무(鎭撫)한 덕분이었다.

○ 봉사(奉事) 김호(金虎)가 죽었다는 소식을 들었는데 왜적에게 상해를 입은 것이었다. 봉사는 전란 초에 길에서 적장 1명을 만나 직접 화살을 쏘아 죽였으며, 그 뒤에 남면 대장(南面大將)이 되어 쏘거나 베어 죽인 왜놈이 많았다. 지난달 20일에는 올라오는 왜적과 힘껏 싸워서 하루에 39명의 머리를 베었으며, 철기(鐵几: 쇠안석)·창·검·옷·짐 등을 획득한 것이 매우 많았다. 쇠한 나이에도 이러한 일을 이루어내니 사람들 모두가 장하게 여겼고, 게다가 군사들도 봉사에게 의지해 용기가 치솟았는데, 이때 이르러 죽으니 사람들 모두가 몹시 애석하게 여겼다.【협주: 이 대목은 마땅히 4일 뒤로 옮겨 넣어야 한다.】

八月

初一日。

府伯在縣洞[84], 以民弊, 不欲久留一處。輪巡無定, 是時, 州民

不至潰散者, 實賴府伯竭心鎭撫也。○聞金奉事虎死, 死爲賊所
傷也。奉事亂初, 路遇一賊將, 手射殪之, 後爲南面大將, 多所射
斬。前月二十日, 與上來倭力戰, 一日斬三十九級, 鐵几·鎗劍·
衣裝等物, 所獲甚多。衰年辦此, 人皆壯之, 且軍情倚以聳氣, 至
此而死, 人皆痛惜。【此條當移入初四日下.】

2일

같은 참봉(參奉) 정사성(鄭士誠)이 집경전(集慶殿)의 강헌대왕(康
獻大王: 태조 이성계) 수용(晬容: 御眞)을 임시로 수운정(水雲亭)에 봉
안하였다.

初二日。

同參奉鄭士誠[85], 權奉集慶殿[86]康獻大王[87]晬容[88]于水雲亭[89]。

---

84 縣洞(현동): 경상북도 포항시 북구 죽장면 縣內里 또는 斗麻里의 자연마을 竹峴
洞인 듯.

85 鄭士誠(정사성, 1545~1607): 본관은 淸州, 자는 子明, 호는 芝軒. 金彦璣에게
수학하였으며, 具鳳齡과 金八元에게 옮겨서 배우다가 1561년 李滉의 문하에
들어갔다. 1568년 증광시 진사에 입격하였다. 1587년 遺逸로 천거되어 태泰陵
參奉에 나아갔다가 1589년에 사퇴하고 낙향하였고, 1591년 다시 集慶殿參奉이
되었다. 1592년 임진왜란이 발발하자 洪汝栗과 함께 태조 이성계의 御眞을 받
들고서 강원, 충청, 경상도 지역의 산간 험준한 곳에까지 피란 갔다가 되돌아오
는 우여곡절 끝에 그 어진을 예안의 백동서당에 봉안하였다. 홍여율보다 뒤늦게
정사성은 내섬시 주부(內贍寺主簿)와 楊口縣監에 제수되었다. 그러나 모친이
늙었다는 이유로 사직하고 돌아왔다. 1597년 정유재란이 일어나자 의병을 일으
켜 昌寧의 火旺山城에서 郭再祐와 더불어 왜적과 싸웠다. 1607년 향년 63세로
세상을 떠난 후로 玉溪書院에 제향, 그 뒤 撤享되었다가 1779년 鶴巖里祠에
제향 되었다.

4일

수용(晬容: 御眞)을 모시고 예안(禮安)으로 향하였다.

初四日。

陪晬容, 向禮安[90]。

---

86 集慶殿(집경전): 조선시대 경주에 있던 태조 이성계의 어진을 봉안하던 전각. 태조 진전은 서울의 文昭殿을 비롯하여 외방 5처, 즉 경주 集慶殿, 전주 慶基殿, 평양 永崇殿, 개성 穆淸殿, 영흥 濬源殿을 두었다.

87 康獻大王(강헌대왕): 태조 李成桂를 가리킴. 강헌은 명나라에서 내린 이성계의 시호이다.

88 晬容(수용): 온화하고 자상한 용모라는 뜻으로, 御眞을 달리 이르는 말.

89 水雲亭(수운정): 현재 알려진 바로는, 경상북도 경주시 강동면 양동리에 있는 정자로 孫曄이 1582년에 지었고 중요민속자료 제80호이다. 그런데 梅山 鄭重器(1685~1757)의 〈僉知中樞府事月城孫公墓表〉에 의하면, 西溪 가에 수운정을 지었다고 되어 있으니, 孫曄의 부친 孫光暊도 같은 이름의 정자 주인인 셈이다. 그리고 손엽의 문집인 《淸虛齋先生文集》 부록으로 수록되어 있는 金鍏(1795~1861)의 〈水雲亭重修記〉에도 1582년에 지어졌다는 기록이 없으며, 또 한 孫繻九(1695~1755)의 〈家狀〉에도 수운정의 건축 연도가 밝혀져 있지 않으나 명나라 장수의 벌목 폐단을 줄이려는 편지를 보낸 뒤에 부친 雪厓公의 상을 당하여 3년 여묘살이를 했다는 기록을 하고서 정릉참봉에 제수되었지만 나아가지 않고서 수운정을 지었다고 기록되어 있다. 명나라 군대가 조선을 본격적으로 구원군으로 참전한 시기는 1593년 이후이다. 따라서 수운정의 주인과 건축 연도는 좀 더 엄밀하게 살펴야 할 일이다.
1592년 7월 17일 당시 예안에 있던 御眞이 어떻게 해서 8월 2일 경주 옥산리로 옮겨졌는지 알 수 없다. 鄭士誠의 『지헌 임진일록(芝軒壬辰日錄)』(신해진 역주, 보고사, 2021)에 의하면, 5월 18일 당시 예안현 온계리(현 안동시 도산면 온혜리)의 퇴계서당(현 溪上書堂)에 봉안했지만 전란 소식을 듣고 그날 청량산 깊은 골짜기로 이안했고, 7월 9일 雲峴(현 경북 봉화군 명호면 북곡리에 있는 고개. 청량산 뒤쪽이다.)으로 이안했다가 7월 15일에 이르러서 다시 청량산 깊은 골짜기로 이안한 것으로 쓰여 있고, 7월 17일 이후부터는 결락되었다.

90 禮安(예안): 경상북도 안동시 예안면 지역.

5일

죽장(竹長)에서 묵었다.

初五日。

宿竹長。

7일

봉사(奉事) 이성여(李聖與, 협주: 詠道)의 서당(書堂: 백동서당)에 도착하여 서실(西室)에 봉안하였다.

初七日。

到李奉事聖與⁹¹【詠道】書堂⁹², 奉安于西室。

---

91 李奉事聖與(이봉사성여): 奉事 李聖與 곧 李詠道(1559~1637)를 가리킴. 본관은 眞城. 자는 聖與, 호는 東巖. 할아버지는 퇴계 李滉이고, 아버지는 군기시첨정 李寯이며, 어머니는 훈도 琴梓의 딸이다. 이준의 셋째아들이다. 蔭補로 軍資監參奉을 거쳐 濟用監奉事를 역임하고, 1592년 임진왜란 때는 안동에 내려가 의병을 모집하여 왜군과 싸웠다. 이듬해 연원도 찰방으로 나가 전쟁의 재해를 입은 백성들의 구호와 군량미를 조달하여 명관으로 이름을 떨쳤고, 1594년 충청도 판관을 겸직, 피난민들에게 농사를 짓게 하여 전란 중에서도 수만 석의 양곡을 생산하였다. 1596년 한때 좌천당하였다가 柳成龍의 상소로 복직된 뒤, 원병으로 온 명나라 군사를 따라 많은 군량미를 조달, 수송하여, 그 공으로 1597년 호조 좌랑이 되고 다시 호조정랑이 되어 南征糧餉使로서 상을 받았다. 이듬해에는 현풍 현감이 되어 치적이 뛰어났다. 이듬해 김제 군수에 승진되고, 4년 후에는 청송 부사에 승진되었다. 광해군 때에는 사복시첨정·군기시부정·영천 군수를 지냈다. 1623년 인조반정 후 익산 군수를 거쳐 繕工監僉正·내섬시정·원주 목사를 역임하고, 1636년 군기감정에 올랐다.

92 書堂(서당): 柏洞書堂. 경상북도 안동시 도산면 토계리 번덕골의 작은 골짜기에 있는 霞溪亭에서 20여 미터 떨어진 산중에 있는 서당. 李滉의 아들 李寯이 세웠다.

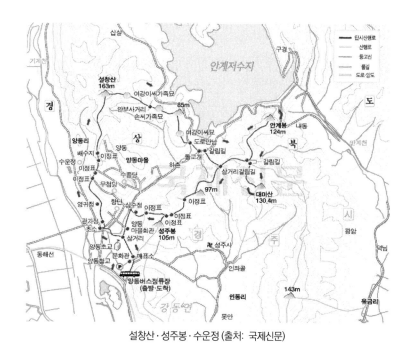

설창산·성주봉·수운정 (출처: 국제신문)

14일

수운정(水雲亭)에 되돌아와서 묵었다.

복병장(伏兵將) 이봉서(李鳳瑞)가 류림(柳林)에 진(陣)을 쳤는데, 북쪽에서 내려온 왜적 2명이 설창산(雪蒼山)의 아랫길을 따라 지나가다가 복병(伏兵)에게 발각되었다. 손방(孫昉)의 사내종 김수(金守)가 먼저 그들을 공격하고 내 집의 가노(家奴) 덕무(德武)가 다음으로 공격하니, 많은 군사가 그로 말미암아 왜적을 베었다. 왜적 1명을 놓쳤는데 다음날 풀밭에서 나오니, 이봉서 등이 추격하여 근곡동(根谷洞: 근계리)으로 들어가자 안강(安康) 사람들이 활을 쏘아 사로잡았다.

十四日。

還宿水雲亭。伏兵將李鳳瑞, 陣柳林[93], 北來賊二人, 從雪蒼山[94]下路過, 伏兵覺之。孫昉奴金守先擊之, 家奴德武次擊之, 衆軍因而斬之。失一賊, 翌日自草田中出, 鳳瑞等追之, 入根谷洞[95], 爲安康人所射得。

16일

산으로 되돌아온 이후부터 북쪽에서 내려오는 왜적이 끊이지 않았는데, 몰래 숨어버리는 자도 있어서 간혹 복병에게 붙잡히기도 하였다.

十六日。

還山此後, 北來賊連續, 有潛遁者, 或爲伏兵所得。

19일

병사(兵使: 박진)가 영양(永陽: 永川)에서 안강(安康)에 왔다. 나는 부백(府伯: 경주 부윤)의 대솔(帶率)로서 활과 화살을 차고 안강에 가서 인사하였다.

十九日。

兵使來安康, 自永陽[96]也。吾以府伯帶率, 佩弓箭, 往拜安康。

柳林(류림): 경상북도 경주시 황성동 유림숲.

雪蒼山(설창산): 경상북도 경주시 강동면 양동마을 경계에 자리하는 산.

根谷洞(근곡동): 根谷里. 경상북도 경주시 강동면 근계리.

21일

11개 고을의 군사가 모두 모이니 합계 3만 7천여 명으로 군사들의 기세가 크게 떨쳐 2경 말(밤 11시)에 진군했지만, 군사들이 아무것도 먹지 못한 자가 많았다. 사람들이 횃불 2자루씩 들고서 또 빈 가마니를 가지고 풀과 짚을 담아 성 밖에 쌓으려는 계획이었으나 각자 먹을 것을 지니고 칼을 찼는지라 가마니가 무거워 운반할 수 없었는데, 병영(兵營)의 군관(軍官)들이 뒤를 따르며 재촉하니 기계들을 모두 길에 버리고 성 아래에 도착하였지만, 빈손으로 할 일이 없었으며 성을 포위하는 것도 겨우 마쳤다. 적들이 성 위에서 포를 소나기처럼 쏘아대자, 부상자가 매우 많았다. 적의 복병(伏兵)들이 성 밖에 있었으니, 혹은 백률사(栢栗寺)로부터 혹은 향교(鄕校)로부터 와서 포위하자 대군(大軍)이 무너져 흩어졌다. 적들이 뒤에서 마구 베니, 죽거나 다친 자를 이루 다 셀 수가 없었다. 하루 전에 적의 대군(大軍)이 언양(彦陽)에서 올라와 성 밖과 향교 마을에 흩어져 주둔해 있었다. 병사(兵使: 박진)와 장수들이 비록 이 기별을 들었으나 다만 성을 포위하는 것만 급선무로 여기고 그 대비를 하지 않아 끝내 패배를 당하였다. 영해(寧海)와 영일(迎日) 등의 수령들이 먼저 달아났고, 병사(兵使)는 서산(西山)을 따라 영양(英陽) 지경으로 달아났다.

○ 영천(永川) 의병으로 생원(生員) 정의번(鄭宜藩)·최인제(崔仁

---

96 永陽(영양): 경상북도 永川의 옛 이름.

濟), 유학(幼學) 김대해(金大海) 등 28명이 적에게 해를 입었으며, 경주 유생(慶州儒生)으로 남흡(南洽)·김정관(金廷觀) 등도 또한 참퇴장(斬退將)으로서 막 출전하려다가 해를 당했으며, 그 나머지는 무반(武班)으로 죽은 자가 10여 명이고 경주군(慶州軍)으로 죽은 자가 500여 명인 데다 다른 고을의 군사까지 합하면 2천여 명에 이른다고 하였다. 같은 날, 병사(兵使: 박진)가 행군해간 뒤에 부백(府伯: 경주 부윤 윤인함)도 관군 및 유생을 이끌고 갑산(甲山: 경주시 강동면 갑산리)으로 가서 진을 쳤는데, 한 부대의 왜적을 만나 힘껏 싸워서 수십 명의 목을 베었다.

소산(小山: 여근산)에 올라 경주부(慶州府) 안을 바라보았는데, 아군이 비로소 들어가 성 밑의 민가에 불을 질러 연기와 불길이 하늘을 뒤덮자, 승세(勝勢)라 여기고 상하가 같이 기뻐하였다. 얼마 후에 경주부에서 달려온 자가 알리기를, "관군이 무너졌다."라고 한 뒤로 계속해서 무너진 군사들이 구름처럼 흩어져서 나왔고, 부백(府伯)도 기계(杞溪)로 돌아갔다. 날이 저물자, 마을마다 부르짖는 소리가 하늘을 울리니 참혹하여 차마 들을 수 없었다.

二十一日。

十一邑軍齊會, 合三萬七千餘人, 兵勢大振, 二更末進軍, 軍不食者多。人持炬兩柄, 又持空石[97]納草藁, 爲積城外計, 各帶食佩刀, 重不能運, 營軍官輩, 從後促之, 器械皆棄中道, 及到城下,

---

97 空石(공석): 빈 가마니.

空手無所爲, 圍城纔畢。賊從城上, 放砲如雨, 傷者甚衆。賊伏
兵在外, 或自柏栗[98], 或自鄕校, 來圍之, 大軍潰散。賊從後亂
斫。死傷不可勝數。前一日, 賊大兵, 自彥陽上來, 散屯城外及鄕
校里。兵使及諸將, 雖聞此奇, 只以圍城爲急, 不爲之備, 竟爲所
敗。興海·迎日[99]等倅先奔, 兵使從西山走永陽境。○永川義兵, 生
員鄭宜藩[100]·崔仁濟[101], 幼學金大海[102]等二十八人, 爲賊所害, 慶
州儒生, 南洽·金廷觀等, 亦以斬退, 將赴戰見害, 其餘武班死者
十餘人, 慶州軍死者五百餘人, 合計他邑, 至二千餘人云。右日
兵使行軍後, 府伯率官軍及儒生, 往陣于甲山[103], 遇一隊賊, 力戰

---

98 柏栗(백률): 柏栗寺. 경상북도 경주시 동천동 소금강산에 있는 절. 법흥왕 14년
   (527)에 불교의 전파를 위하여 異次頓이 순교를 자청했을 때, 그의 목을 베자
   흰 우유가 솟았고, 잘린 목은 하늘 높이 솟구쳐 올랐다가 떨어졌는데, 바로 그
   떨어진 곳이 지금의 백률사 자리였다고 한다.

99 迎日(영일): 경상북도 동부 동해에 면하여 있었던 고을.

100 鄭宜藩(정의번, 1560~1592): 본관은 迎日, 자는 衛甫, 호는 栢巖. 아버지는
   의병장 鄭世雅이다. 1585년 사마시에 합격하여 생원이 되었다. 1592년 임진왜
   란이 일어나자 아버지와 함께 의병을 일으켜 영천에서 승리, 이어 경주에 진격하
   여 싸우다가 좌장군 朴晉의 패전으로 적에게 포위되어 위기에 빠진 아버지를
   구출하기 위하여 혈전을 벌이다가 적에게 사로잡혔으나, 끝내 굴복하지 않고
   죽임을 당하였다.

101 崔仁濟(최인제, 1560~1592): 본관은 永川, 자는 聖夫, 호는 晩亭. 아버지는
   崔慶雲이다. 1588년 식년시에 합격하여 생원이 되었다.

102 金大海(김대해, 1544~1592): 본관은 慶州, 자는 洪濤, 호는 召谷, 참봉 金乾의
   아들로 1592년 임진왜란 때 6촌동생 崔明海, 柳興復, 韓得義등과 함께 창의하
   여 경주전투에 참가하였다가 죽임을 당하였다.

103 甲山(갑산): 甲山里. 경주시 안강으로 가는 지방도 925호선을 따라 안강 칠평천
   에 이르기 직전에 있는 마을. 신라 때의 절인 甲山寺가 있었다고 하여 마을 이름

斬數十級。登小山¹⁰⁴上, 望府內, 我軍始入, 焚蕩城底人家, 煙焰漲天, 謂有捷勢, 上下同喜。俄而, 有自府馳來者, 報曰: "軍潰矣."繼有潰軍, 雲散而來, 府伯還杞溪¹⁰⁵。及夕, 村村哭聲轟天, 慘不忍聞。

25일

병사(兵使: 박진)가 다시금 안강(安康)에 왔는데 형세를 보아 재차 공격하려는 것이었다. 이후로 돌격대를 보낼 때마다 낮에는 군사의 위력을 떨치게 하고 밤에는 횃불을 들게 하면서 간혹 진천뢰(震天雷)를 성안으로 던지기도 하니, 왜적들이 몹시 놀란 데다 사상자가 매우 많아서 이로 말미암아 떠나갈 뜻을 가지게 되었다고 하였다.

二十五日。

兵使更來安康, 欲觀勢再擧也。此後每遣突擊, 晝則耀兵, 夜則擧火, 或投震天雷¹⁰⁶于城中, 賊大驚, 傷死者甚衆, 因此有去意云。

을 갑산이라 불렀다고 한다.

104 小山(소산): 경상북도 경주시 건천읍 신평리에 있는 184.5m 산. 女根山이라고도 불린다.

105 杞溪(기계): 경상북도 포항시 북구 기계면 지역. 북동쪽은 신광면·죽장면·기북면, 서쪽은 영천시 자양면·임고면, 남쪽은 경주시 강동면과 접한다.

106 震天雷(진천뢰): 조선 선조 때 火砲工 李長孫이 발명한 폭탄. 무쇠로 겉을 씌운 둥근 모양이다. 碗口에서 발사된 화기로, 임진왜란 때 널리 쓰여 위력을 떨쳤다.

● 9월

8일

수운정(水雲亭)에서 묵었는데, 한밤중에 멀리 경주부(慶州府) 안을 바라보니 불길이 하늘까지 솟구치다가 날이 밝을 무렵에서야 비로소 꺼졌다.

이날 왜적들이 언양(彦陽)으로부터 말과 소를 끌고서 성에 들어가 창고의 쌀을 싣고 이경(二更: 밤 10시 전후)에 경주부의 왜적과 함께 남김없이 달아나 가버렸다.

이튿날 아침에 판관(判官: 박의장)이 내달려 들어가니, 2, 3일 전에 병사(兵使: 박진)는 상도(上道)로 갔다고 하였다.

九月

初八日。

宿水雲亭, 夜半望見府內, 火焰觸天, 天明[107]始歇。此日賊自彦陽, 牽牛馬入城, 載倉米, 二更與本賊, 無遺遁去。翌朝, 判官馳入, 前二三日, 兵使上去云。

11일

성읍(城邑)에 가서 둘러보고 판관(判官: 박의장)을 만났는데, 눈에 온통 잿더미만 보였고 시체들이 길을 덮어 더러운 악취가 코를 찔렀다. 다음날 기계(杞溪)로 올라가서 부백(府伯: 경주 부윤)을 만나 뵈었

---

107 天明(천명): 하늘이 밝을 무렵.

고, 또 다음날 부백(府伯)을 모시고 안강(安康)으로 내려왔다.

十一日。

往見城邑, 謁判官, 極目灰燼, 僵尸蔽路, 臭穢掩鼻。翌日, 上杞溪, 謁府伯, 又翌日, 陪府伯, 下安康。

14일

부백(府伯: 경주 부윤 윤인함)이 성안으로 들어갔다. 4월부터 온 경주부(慶州府)가 적의 소굴이 되었고 관원들은 깊은 산속으로 달아나 숨었는데, 이날 부백(府伯: 경주 부윤)이 민심을 진무하여 규합하고 호각을 불어 관원을 불러 모으니, 보는 사람은 간혹 눈물을 흘리기도 하였다.

나는 부백(府伯)을 모시고 전우(殿宇: 관아)를 둘러보니, 피폐해진 전각(殿閣) 앞에 파헤쳐진 구멍이 있었는데 혹자가 시체를 묻은 곳이라고 했다. 객사(客舍: 관사)는 서청관(西清館)에 있었고, 창고의 곡식이 서창(西倉)에서는 그 전과 같았으나 동창(東倉)에서는 쌀 1천여 석이 왜적의 먹거리가 되고 말았다. 성안에 훼손된 옥사(屋舍: 가옥)는 널빤지로 울타리를 치고 쌓은 담장이 날아온 포탄에 구멍이 났는데 둥글기도 하고 모나기도 하여 흉물스럽기가 헤아릴 수 없었다. 설사 당일에 진군했다 하더라도 반드시 여지없이 패망했을 것이니 한심함을 견딜 수 없다.

저녁에 안강(安康)에 되돌아왔다.

十四日。

府伯往城內。自四月, 一府爲賊窟, 官員竄伏深山, 是日府伯,

以鎭集民心, 吹角爲官員狀, 觀者或隨淚。余陪府伯, 省視殿
宇[108], 蕩殘殿閣, 前有掘發穴, 或云埋尸處。客舍則西淸館[109]在
焉, 倉穀則西倉依舊, 東倉米千餘石, 爲賊所食。城中毁屋舍, 爲
板柵築墙, 爲放炮穴, 或圓或方, 凶巧莫測。設使當日進軍, 必敗
殘無餘, 不勝寒心。夕還安康。

26일

5성 10철(五聖十哲) 및 동무(東廡)·서무(西廡)의 12위판(位版)을
금곡사(金谷寺)에 옮겨 안치했다가, 얼마 안 되어 옥산서원(玉山書
院)에 봉안하였다.

○ 하루 전에 옥산서원을 향하여 안강현(安康縣)을 지나는데, 장수
찰방(長水察訪)이 교지 차사원(敎旨差使員)으로서 역원(驛院)에 도착
하였다. 삼가 교지를 보건대, 주상(主上)은 의주(義州)에 계시고 삼경
(三京)이 함락되었다는 말이 있었으니 곧 본경(本京: 東京, 경주)·송도
(松都: 개경)·평양(平壤: 서경)이었다. 또한 '내 땅도 여기서 다하니
내 장차 어디로 갈 것인가. 가을 기운이 이미 움직여 변방은 일찌감
치 추워지노라. 저 강물을 바라보니 또한 동쪽으로 흘러가누나. 돌
아가자고 하는 내 마음이 저 물과 같이 넘실거리네.'라고 하는 말이
있어 저도 모르게 통곡하였다.

---

108 殿宇(전우): 殿堂. 장엄하고 엄숙한 곳.
109 西淸館(서청관): 東京館에 있던 西淸堂인 듯. 동경관은 고려 때부터 내려온 객
　　사의 부속건물로서 경주 객사이었다.

二十六日。

移安五聖十哲[110]及東西廡[111]十二位版于金谷寺[112]。尋奉安于
玉山書院。○前一日, 向玉山, 過安康縣, 長水察訪, 以敎旨差使
員[113], 到驛。伏見敎旨, 主上在義州[114], 有三京失守之語, 本京・
松都・平壤[115]也。且有'地維已盡, 予將何歸? 秋凉已動, 邊地早
寒. 瞻彼長江, 亦流于東. 我心思歸, 如水滔滔'之語, 不覺痛哭。

● 11월

6일

집에서 죽장(竹長)으로 갔는데, 가는 길에 부백(府伯: 경주 부윤)을

---

110 五聖十哲(오성십철): 文廟에 奉安하여 合祀하는 至聖先師 孔子・復聖公 顔子・
宗聖公 曾子・述聖公 子思・亞聖公 孟子 등 다섯 분의 聖人과 공자 문하에서 학행이
뛰어난 제자로 손꼽히는 顔回・閔子騫・冉伯牛・仲弓・宰我・子貢・冉有・子路・子
游・子夏 등 열 사람을 아울러 일컫는 말.

111 東西廡(동서무): 東廡와 西廡. 대성전에 들어가지 못한 儒賢의 위패를 모신 건
물로 대성전의 단하에 동서 양측에 있는 건물.

112 金谷寺(금곡사): 경상북도 경주시 강동면 두류리의 金谷山(일명 三岐山)에 있
었던 절.

113 差使員(차사원): 조선시대 각종 특수임무의 수행을 위하여 임시로 차출, 임명되
는 관원.

114 義州(의주): 평안북도 북서부에 있는 고을. 동쪽으로는 삭주군・구성군, 남쪽으
로는 용천군・철산군・선천군, 북서쪽으로는 압록강을 사이에 두고 중국(만주지
방)과 접한다.

115 平壤(평양): 평안남도 서남부에 있는 고을. 대동군에 둘러싸여 있으며, 남쪽은
중화군에 접하고 있다.

만나 뵙고 전언통신문을 보니 임해군(臨海君)·순화군(順和君) 및 황
정욱(黃廷彧)·황혁(黃赫)이 적에게 사로잡혔다고 하여 놀랍고 애통
한 마음을 가눌 수 없었다.

十一月

初六日。

自家入竹長, 歷謁府伯, 見傳通, 臨海君[116]·順和君[117]及黃廷
彧[118]·黃赫[119], 爲賊所獲云, 不勝驚慟。

---

116 臨海君(임해군, 1574~1609): 宣祖의 맏아들 珒. 임진왜란 때 왜군의 포로가
  되었다가 석방되었다. 광해군 즉위 후 유배되었다가 죽었다.
117 順和君(순화군, ?~1607): 宣祖의 여섯째아들. 부인은 승지 黃赫의 딸이다. 임
  진왜란이 일어나자 왕의 명을 받아 黃廷彧·황혁 등을 인솔하고 勤王兵을 모병
  하기 위해서 강원도에 파견되었다. 같은 해 5월 왜군이 북상하자 이를 피하여
  함경도로 들어가 미리 함경도에 파견되어 있던 臨海君을 만나 함께 會寧에서
  주둔하였는데, 왕자임을 내세워 행패를 부리다가 함경도민의 반감을 샀다. 마침
  왜군이 함경도에 침입하자 회령에 위배되어 향리로 있던 鞠景仁과 그 친족 鞠世
  弼 등 일당에 의해 임해군 및 여러 호종관리들과 함께 체포되어 왜군에게 넘겨져
  포로가 되었다. 이후 안변을 거쳐 이듬해 밀양으로 옮겨지고 부산 多大浦 앞바
  다의 배 안에 구금되어 일본으로 보내지려 할 때, 명나라의 사신 沈惟敬과 왜장
  小西行長과의 사이에 화의가 성립되어 1593년 8월 풀려났다. 성격이 나빠 사람
  을 함부로 죽이고 재물을 약탈하는 등 불법을 저질러 兩司의 탄핵을 받았고,
  1601년에는 순화군의 君號까지 박탈하였으나 사후에 복구되었다.
118 黃廷彧(황정욱, 1532~1607): 본관은 長水, 자는 景文, 호는 芝川. 1592년 임진
  왜란이 일어나자 號召使가 되어 왕자 順和君을 陪從, 강원도에서 의병을 모으
  는 격문을 8도에 돌렸고, 왜군의 진격으로 會寧에 들어갔다가 모반자 鞠景仁에
  의해 임해군·순화군 두 왕자와 함께 安邊 토굴에 감금되었다. 이때 왜장 加藤淸
  正으로부터 선조에게 항복 권유의 상소문을 쓰라고 강요받고 이를 거부하였으
  나, 왕자를 죽인다는 위협에 아들 赫이 대필하였다. 이에 그는 항복을 권유하는
  내용이 거짓임을 밝히는 또 한 장의 글을 썼으나, 體察使의 농간으로 아들의
  글만이 보내져 뜻을 이루지 못하고 이듬해 부산에서 풀려나온 뒤 앞서의 항복

● 12월

1일

기계(杞溪)로 가서 부백(府伯: 경주 부윤)을 만났다. 감사(監司: 한효
순)가 나를 연병장(鍊兵將)으로 불러 정예의 병사들을 훈련하도록
하였는지라, 관첩(官牒: 사령장)이 여러 차례 도착하니 하는 수 없이
병든 몸을 무릅쓰고 나왔다.

十二月

初一日。

出見府伯于杞溪。監司[120]差余鍊兵將, 令鍊精兵, 官牒屢到, 不

권유문 때문에 東人들의 탄핵을 받고 吉州에 유배되고, 1597년 석방되었으나
復官되지 못한 채 죽었다.

119 黃赫(황혁, 1551~1612) : 본관은 長水, 자는 晦之, 호는 獨石. 순화군의 장인이
다. 임진왜란이 일어나자 護軍에 기용되어 부친 廷彧과 함께 사위인 順和君을
따라 강원도를 거쳐 會寧에 이르러, 모반자 鞠景仁에게 잡혀 왜군에게 인질로
넘겨졌다. 安邊의 토굴에 감금 중 적장 加藤淸正으로부터 선조에게 항복 권유
문을 올리라는 강요에 못 이겨 부친을 대신하여 썼다. 이를 안 정욱이 본의가
아니며 내용이 거짓임을 밝힌 별도의 글을 올렸으나 체찰사가 가로채 전달되지
않았다. 1593년 부산에서 왕자들과 함께 송환된 후 앞서의 항복 권유문으로 東
人에 의해 탄핵, 理山에 유배되었다가 다시 信川에 이배되었다.

120 監司(감사): 韓孝純(1543~1621)을 가리킴. 1592년 임진왜란이 일어나자 8월
영해에서 왜군을 격파하고 경상좌도관찰사에 승진, 순찰사를 겸임하게 했기 때
문이다. 본관은 淸州, 자는 勉叔, 호는 月灘. 1576년 식년문과 급제, 검열·수찬
을 거쳐 1584년 寧海府使에 임명되었다. 1592년 임진왜란이 일어나자 8월 영해
에서 왜군을 격파하고 경상좌도관찰사에 승진, 순찰사를 겸임해 동해안 지역을
방비하며 군량조달에 공을 세웠다. 1594년 병조참판, 1596년 경상도·전라도·
충청도의 體察副使가 되었다. 그 해 閑山島武科에 試官으로 참여하고, 통제사
李舜臣과 함께 수군강화에 힘썼다. 그 뒤 지중추부사가 되었다가 남해 지역의

得已力疾出來。

6일

집경전 참봉(集慶殿參奉)에 명하는 관교(官敎: 사령장)를 받들었다. 하늘의 끝인 의주(義州)에서 은명(恩命: 참봉을 제수하는 어명)이 뜻밖에 나와 억장이 막힘을 금치 못했다. 다만 난리 중이라서 거취를 정하기가 형세상 어려운데다 한역(寒疫: 추위로 인한 전염병)이 한창 극심하여 어찌할 바를 알지 못했다.【협주: 당시 조정에서 위사호성 (衛師扈聖)을 가상히 여겨 이러한 은명이 있었다.】

初六日。

奉集慶殿參奉官敎[121]。天涯恩命, 出於意外, 不勝愴惻。但亂離中, 去就勢難, 寒疫方劇, 罔知所處。【時朝廷, 嘉其衛師扈聖, 有是恩命.】

15일

기계(杞溪)에 가서 병사를 훈련시키는 일을 마쳤다.

도순찰사로 해상군비강화에 계속 노력하였다. 1598년 전라도관찰사로서 병마수군절도사를 겸하였다. 이듬해 전라좌수사 이순신 막하의 戰船監造軍官으로 있으면서 거북선 건조에 공이 많았던 羅大用의 건의를 받아들여 거북선 모양의 소형 무장선인 鎗船 25척을 건조하도록 하였다. 1604년 이조판서에 이르렀다. 다음해 평안도관찰사·판중추부사 등을 거쳐, 1606년 우찬성·판돈녕부사 등을 역임하였다. 1610년 다시 이조판서를 역임한 뒤, 1616년 우의정을 거쳐 좌의정에 올랐다.

121 官敎(관교): 敎旨. 辭令狀.

十五日。

往杞溪, 畢鍊兵事。

23일

감사(監司: 한효순)의 재촉하는 관문(關文: 공문서)이 왔다.

二十三日。

監司促關來。

계사년(1593)

● 1월

1일

부백(府伯: 경주 부윤)을 뵈었는데, 장수 찰방(長水察訪) 또한 와 있었다. 잠시 작례(酌禮: 술잔을 올리는 예식)를 행한 뒤 인사하고 예안(禮安)으로 가려니, 찰방이 역마(驛馬)를 허락하여 내어주었다.

癸巳

正月

一日。

謁府伯, 長水察訪亦來。暫行酌禮, 辭禮安行, 察訪許給驛馬。

3일

출발하여 죽장(竹長)에서 묵었다.

初三日。

發宿竹長。

4일

송제(松蹄: 송제역)에서 묵었다.

初四(日)。

宿松蹄¹。

5일

안기(安奇: 안기역)에서 묵었다.

初五(日)。

宿安奇²。

6일

임소에 도착하였다.

初六(日)。

到任所。

9일

조여익(曹汝益: 조우인)이 찾아와 유숙하였다가 11일이 되어서야 떠나갔다. 언강(彦康) 금개(琴愷) 또한 찾아와서 이야기를 나누었다.

初九日。

曹汝益³來過, 留宿, 至十一日乃去。琴彦康⁴愷, 亦來話。

---

1 松蹄(송제): 松蹄驛. 경상북도 안동시 길안면 松仕里에 있는 자연부락. 송제역
이 있었다고 하여 송제역말이라고 불렀다고 한다.

2 安奇(안기): 安奇驛. 경상북도 안동시 안기동에 있던 역.

3 汝益(여익): 曹友仁(1561~1625)의 字. 본관은 昌寧, 호는 梅湖·頤齋. 1588년
사마시에 합격해 진사가 되었다. 함경도 경성 판관 등을 거쳐, 제술관으로 있으
면서 고궁이 황적 유폐함을 보고 글을 지어 광해군의 잘못을 풍자하였다가 옥고

12일

저녁에 봉사(奉事) 이성여(李聖與: 李詠道)가 만나보러 왔는데, 어제 저녁에 의흥 군중(義興軍中)에서 출발해 비로소 도착한 것이라고 하였다.

十二日。

夕, 李奉事聖與來見, 昨夕, 自義興[5]軍中, 始到云。

17일

사과(司果) 금난수(琴蘭秀)가 별서(別墅: 농사 짓는 별장)로 가는 길에 방문하였다.

十七日。

琴司果蘭秀[6], 往別墅, 歷訪。

를 치르고, 인조 반정으로 풀려나 尙州에서 은거하며 여생을 마쳤다.

4 彦康(언강): 琴愷(1562~1629)의 字. 본관은 奉化, 호는 望月軒. 아버지는 惺齋 琴蘭秀이다. 1591년 진사시에 합격하였고, 1601년 문과에 급제하였다. 1608년 성균관전적을 시작으로 사헌부감찰, 예조정랑을 역임하였다. 1611년 금산군수로 나갔으며, 1614년 다시 성균관전적이 되었다가 봉사직장, 군기시첨정, 사헌부장령, 사간원헌납, 사헌부지제교 등을 두루 지냈고, 외직으로 여주목사를 역임하였다. 이후 광해군 정권의 혼탁함을 보고는 벼슬을 버리고 안동 예안의 향리로 돌아와 여생을 보냈다.

5 義興(의흥): 경상북도 군위군 북동부에 있는 고을. 남동쪽은 삼국유사면, 남서쪽은 우보면과 산성면, 북쪽은 의성군과 접한다.

6 琴司果蘭秀(금사과난수): 司果 琴蘭秀(1530~1604). 본관은 奉化, 자는 聞遠, 호는 惺齋·孤山主人. 경상북도 봉화 출생. 1561년 사마시에 합격하였다. 1577년 齊陵의 참봉을 비롯하여 集慶殿과 敬陵의 참봉을 지내고, 1585년 長興庫奉事가 되었다. 그 뒤 直長·장례원사평을 지냈으나, 1592년 임진왜란이 일어나자

19일

합천(陝川) 조목(趙穆)이 도산서원(陶山書院)에 와서 안부를 물었다. 내가 가서 뵙자마자 사당에 참배하였다. 사당(祠堂)을 상덕(尙德)이라 하고, 당(堂)을 전교(典敎)라 하고, 동재(東齋)를 홍의(弘毅)라 하고, 서재(西齋)를 박약(博約)이라 하고, 문(門)을 진도(進道)라 하였다.

十九日。
趙陝川穆[7], 來陶山書院[8], 送問。余往謁之, 仍謁廟。廟曰尙德, 堂曰典敎, 兩齋東曰弘毅, 西曰博約, 門曰進道。

노모의 봉양을 위해 고향에 은거하다가 정유재란 때 고향에서 의병을 일으키니 많은 선비들이 호응해서 참가하고 지방민들은 군량미를 헌납했다. 그 해 성주판관에 임명되었으나 부임하지 않았고, 1599년 고향인 봉화의 현감에 임명되어 1년 만에 사임하고 집에 돌아왔다.

7 趙陝川穆(조합천목): 陝川 趙穆(1524~1606). 본관은 橫城, 자는 士敬, 호는 月川. 경상북도 예안 출신. 1552년 생원시에 합격했으나 대과를 포기하고 경전 연구와 수양에만 전념했다. 그 뒤 동몽교관·공릉참봉·집경전 참봉·종부시 주부·공조 좌랑 등에 임명되었으나 이내 사직했다. 1576년 봉화 현감으로 잠시 봉직하며 교육진흥에 힘썼으며, 1580년 이후 전라도사·경상도사·충청도사·형조좌랑·신녕현감·영덕현령·전생서주부·공조정랑·상서원판관·금산군수·단양군수·합천군수·장원서장원 등에 제수되었으나 모두 부임하지 않았다. 1594년에는 군자감 주부로서 일본과의 강화를 반대하는 상소를 올렸다. 그뒤 장악원정·사재감정·공조참판 등에 임명되었으나 모두 사직했다. 일생 동안 이황을 가까이에서 모셨으며 벼슬에 뜻을 두지 않고 학문에만 몰두하였다.

8 陶山書院(도산서원): 경상북도 안동시 도산면 토계리에 있는 서원. 퇴계 이황이 직접 설계 설계하고 세세한 부분까지 지시를 내리며 만든 서원이다. 퇴계 사후인 1574년 尙德祠, 典敎堂, 東西齋가 낙성되어 사람이 모인 가운데 위패를 봉안하고 도산서원이라 하였다.

29일

합천(陜川) 조목(趙穆), 하양(河陽) 금응협(琴應夾), 원장(院長) 금 응훈(琴應壎)이 도산서원에 모였는데, 나를 불러 가서 뵈었다. 듣건 대 당병(唐兵: 명나라 군대)이 지난해 말 이미 의주(義州)에 도착했고, 이달 8, 9일 사이에 평양(平壤)의 왜적들을 섬멸하고 김명원(金命元) 이 평양성(平壤城)을 지키고 있으며, 병부상서(兵部尙書: 병부시랑의 오기) 송응창(宋應昌)이 2만 명을 거느리고 북도(北道)로 향했으며, 요동총병(遼東摠兵) 이성량(李成樑: 李成梁의 오기)의 아들인 이여송 (李如松)·이여백(李如柏) 등이 6만 명을 거느리고 멀리서 몰아오고 있어 머지않아 경성(京城)에 당도할 것이며, 군관(軍官)이 의주의 행 재소(行在所)로부터 와 친히 평양에서 왜적을 무찌른 일을 보았다고 하였다.

二十九日。

趙陜川, 琴河陽應夾[9], 院長琴應壎[10], 會于陶院, 招之, 往拜。

---

9 琴河陽應夾(금하양응협): 河陽 琴應夾(1526~1596). 본관은 奉化, 자는 夾之, 호는 日休堂. 경상북도 예안 출신. 1555년 사마시에 합격하고, 1574년 行義가 조정에 알려져 集慶殿參奉을 제수받았다. 다시 敬陵·昌陵의 참봉, 王子師傅에 제수되었으나 모두 취임하지 않았다. 1587년 조정에서는 遺逸로 뽑아서 6품직 을 초수(超授: 일정한 승진단계를 뛰어넘어 관직을 제수함)하고 河陽縣監을 제 수하였으나, 얼마 되지 않아서 부모의 봉양을 이유로 사직하였다. 1595년 翊贊 에 제수되었으나 나가지 않았다. 李滉의 문하에서 수학하였다.

10 琴應壎(금응훈, 1540~1616): 본관은 奉化, 자는 壎之, 호는 進齋. 李滉의 문인 이며, 柳成龍·趙穆과 교우하였다. 1570년 사마시에 합격, 1594년 학행에 의하 여 좌찬성 鄭琢 등의 천거를 받아 宗廟署副奉事에 제수되었다. 그 뒤 영춘현감 과 제천현감 등을 역임하고 1600년 의흥현감에 제수되었으나, 유성룡과 조목의

聞唐兵歲前已到義州, 初八九間, 殲平壤賊, 金命元[11]守城, 兵部
尙書宋應昌[12], 領二萬人, 向北道, 遼東摠兵李成樑[13]子如松[14]·如

요청에 따라 사직하고《退溪先生文集》간행 실무자로 참여하였다.

11 金命元(김명원, 1534~1602): 본관은 慶州, 자는 應順, 호는 酒隱. 1568년 종성
부사가 되었고, 그 뒤 동래부사·판결사·형조참의·나주목사·정주목사를 지냈
다. 1579년 의주목사가 되고 이어 평안병사·호조참판·전라감사·한성부좌윤·
경기감사·병조참판을 거쳐, 1584년 함경감사·형조판서·도총관을 지냈다. 1587
년 우참찬으로 승진했고, 이어 형조판서·경기감사를 거쳐 좌참찬으로 지의금부
사를 겸했다. 1589년 鄭汝立의 난을 수습하는 데 공을 세워 平難功臣 3등에
책록되고 慶林君에 봉해졌다. 1592년 임진왜란이 일어나자, 순검사에 이어 팔도도
원수가 되어 한강 및 임진강을 방어했으나, 중과부적으로 적을 막지 못하고 적의
침공만을 지연시켰다. 평양이 함락된 뒤 순안에 주둔해 行在所 경비에 힘썼다. 이듬
해 명나라 원병이 오자 명나라 장수들의 자문에 응했고, 그 뒤 호조·예조·공조의
판서를 지냈다. 1597년 정유재란 때는 병조판서로 留都大將을 겸임했다.

12 宋應昌(송응창, 1536~1606): 명나라 장수. 임진왜란 당시 1592년 12월 명군의
지휘부, 경략군문 병부시랑으로 부하인 제독 李如松과 함께 43,000명의 명나라
2차 원군의 총사령관으로 참전하였다. 그리고 조선의 金景瑞와 함께 제4차 평양
전투에서 평양성을 탈환한다. 그러나 이여송이 벽제관 전투에서 대패하자 명나
라 요동으로 이동, 형식상으로 지휘를 하였다. 이후 육군과 수군에게 전쟁 물자
를 지원해 주었고 전쟁 후에 병이 들어 70세의 나이로 병사하였다.

13 李成樑(이성량): 李成梁(1526~1615)의 오기. 명나라 말의 將令. 자는 汝契, 호
는 引城. 遼寧省 鐵岭 출신이다. 조선인 李英의 후예로 遼東의 鐵嶺衛指揮僉
事의 직위를 세습해 왔다. 1570년~1591년 연간과 1601년~1608년 연간 두 차례
에 걸쳐 30년 동안 遼東總兵의 직위에 있었다. 이 기간에 그는 軍備를 확충하
고, 建州女眞 5部, 海西女眞 4部, 野人女眞 4部 등으로 나뉘어 있는 여진의
부족 갈등을 이용하면서 遼東지역의 방위와 안정에 크게 기여하였다. 1573년
寬甸(遼寧省 丹東) 등에 六堡를 쌓았으며, 1574년 女眞 建州右衛의 수장인 王
杲가 遼陽과 瀋陽을 침공해오자 이들의 근거지인 古勒寨를 공격해 물리쳤다.
그리고 建州左衛 女眞을 통제하기 위해 首長인 塔克世의 아들인 누르하치[努
爾哈赤, 청 태조, 1559~1626]를 곁에 억류해 두었다. 1580년 이성량의 공적을
치하하는 牌樓가 皇命으로 廣寧城(遼寧省 錦州)에 세워질 정도로 그는 明의

柏¹⁵等, 領六萬, 長驅而來, 不久當到京城, 有軍官自義州行在所
來, 親見平壤克賊之事云。

● 2월

8일

밤에 두 다리와 두 어깨에 시린 통증이 왔다. 9일과 10일에는 고

遼東 방위에 큰 공을 세웠다. 1582년 王杲의 아들인 阿台가 다시 군사를 일으키
자 古勒寨를 공격해 1583년 함락시켰다. 하지만 이 전투에서 이미 明나라에 歸
附했던 누르하치의 아버지와 할아버지인 塔克世와 覺昌安도 阿台를 설득하기
위해 古勒寨에 들어갔다가 明軍에게 살해되었다. 이 사건은 누르하치의 불만을
샀고, 1618년 그가 明과의 전쟁을 선포하며 발표한 이른바 '七大恨'의 첫 번째
항목으로 꼽혔다.

14 如松(여송): 李如松(1549~1598). 명나라 장수. 朝鮮 출신인 李英의 후손이며,
遼東總兵으로 遼東지역의 방위에 큰 공을 세운 李成梁(1526~1615)의 長子이
다. 임진왜란 때 防海禦倭總兵官으로서 명나라 구원군 4만 3천 명을 이끌고
동생 李如柏과 왔다. 43,000여의 明軍을 이끌고 압록강을 건넌 그는 休靜
(1520~1604), 金應瑞(1564~1624) 등이 이끄는 조선의 僧軍, 官軍과 연합하여
1593년 1월 고니시 유키나가[小西行長]의 왜군을 기습해 평양성을 함락시켰다.
그리고 퇴각하는 왜군을 추격하며 평안도와 황해도, 개성 일대를 탈환했지만,
한성 부근의 碧蹄館에서 고바야카와 다카카게[小早川隆景], 다치바나 무네시게
[立花宗茂] 등이 이끄는 왜군에 패하여 開城으로 퇴각하였다. 그리고 함경도에
있는 가토 기요마사[加藤淸正]의 왜군이 평양성을 공격한다는 말이 떠돌자 평양
성으로 물러났다. 그 뒤에는 전투에 적극적으로 나서지 않고 화의 교섭에만 주력
하다가 그 해 말에 劉綎(1558~1619)의 부대만 남기고 명나라로 철군하였다.

15 如柏(여백): 李如柏(1553~1620). 李成梁의 아들이자 李如松의 동생이다. 1592
년 임진왜란 때는 벽제관 전투에서 크게 활약하였으나, 1619년 사르후 전투에서
누르하치가 이끄는 후금에 대패하여 자결하였다.

통이 극심하여 찌르듯이 아팠으니, 밤에는 더욱 심하여 움직일 때
마다 옆에서 부축을 해야 했다. 18일과 19일 사이에는 조금 덜한
듯했으나 미미한 통증이 끊이지 않아서 객지에 있는 동안 우려하는
사람이 적지 않았다.

二月

初八日。

夜, 兩脚·兩臂, 酸痛。九日十日, 苦劇刺痛, 夜則尤甚, 轉側
須人。十八九間, 似稍減, 然微疼不絶, 客中憂慮不少。

27일

이성여(李聖與: 이영도)가 경주(慶州)에서 돌아오는 길에 찾아와
말하기를, "선전관(宣傳官)이 24일에 안강(安康)에 도착해 독운사(督
運使)라 이름하였는데, 당병(唐兵: 명나라 군대)의 군량을 조치하는
일로 내려왔나이다. 당병이 개경(開京)에 진을 치고 머물렀는데, 비
가 내려서 속전(速戰)할 수가 없답니다."라고 하였다.

二十七日。

李聖與, 自慶州還, 歷訪且言: "宣傳官, 卄四到安康, 名曰督運使,
以唐兵軍糧措置事下來。唐兵留陣開京, 以雨水不得速戰."云。

● 3월

8일

현쉬(縣倅: 예안 현감) 신지제(申之悌)가 편지를 보냈다. 그 편지 속

에는 '지금 체찰사의 관문(關文: 공문서)을 보건대, 당관(唐官: 명나라 관원) 30여 명이 대장(大將)의 뜻으로 북쪽 고을[北州: 함경도 회령]에 주둔한 적들을 알아듣도록 타이르니 흉악한 왜적도 또한 놀라고 두려워하여 명을 듣고 왕자들 및 재상들을 일찍이 이미 경성으로 돌려보냈으며, 왜적도 또한 많이 달아나 가버렸으며, 천병(天兵: 명나라 군대)이 이때 파주(坡州)에 주둔하고 있다.'라는 내용이 있었다.

三月

初八日。

縣倅申之悌[16], 送簡。其中有今見體察使關文, 唐官三十餘人, 以大將意, 曉喩[17]北州留賊, 兇醜亦驚懼聽命, 王子及諸宰, 曾已還洛, 賊亦多遁去, 天兵時駐坡州[18]云。

11일

참봉(參奉) 성량(成亮)이 경기도(京畿道)로부터 정처 없이 떠돌며 내려와 도산서원(陶山書院)에서 묵었다. 원장(院長) 금응훈(琴應壎)

---

16 申之悌(신지제, 1562~1624): 본관은 鵝洲, 자는 順夫, 호는 梧峯. 의성 출신이다. 1589년 증광문과에 급제, 1601년 正言·예조좌랑, 이듬해 持平·成均館典籍 등을 거쳐 1604년 世子侍講院文學·成均館直講을 역임하였다. 1613년 창원 부사로 나가 백성을 괴롭히던 明火賊을 토평하고 민심을 안정시켜 그 공으로 통정대부에 올랐고, 인조반정 초에 동부승지에 제수되었으나 부임하지 못하고 죽었다.

17 曉喩(효유): 曉諭. 알아듣도록 타이름.

18 坡州(파주): 경기도 북서부에 있는 고을. 서쪽으로는 황해북도 개풍군 남서쪽으로는 한강을 경계로 김포시, 동쪽으로 양주시와 연천군, 남쪽으로 고양시, 북쪽으로는 경기도 개풍군 및 개성시와 접한다.

과 함께 와서 나를 만나보았다. 성량이 말하기를, "직접 당병(唐兵: 명나라 군대)을 보니 매우 정숙하여 두려워할 만했는데, 왜적 또한 두려워 잡도리하였소이다. 북도(北道: 함경도)의 왜적이 경성(京城) 에 내려와서 모여서는 문을 닫아걸고 나오지 않고서 성 밖의 인가를 불태워 죄다 잿더미가 되었소이다. 한강(漢江)에 부교(浮橋)를 설치 하여 도망한 왜적들이 매우 많았지만, 당병(唐兵)은 장마 때문에 병 사들을 진입시키지 못하고 있소이다."라고 하였다.

十一日。

成參奉亮, 自京畿漂流而來, 宿于陶山。與院長琴應壎, 偕來 見余。成言: "親見唐兵, 甚整肅可畏, 倭賊亦震哉。北道賊來萃 京城, 閉門不出, 焚蕩城外人家, 盡爲灰燼。作浮橋于漢江。逃 遁者甚多, 唐兵以霖雨。不得進兵."云。

12일

안집사(安集使) 김륵(金玏)이 수용(晬容: 태조 이성계 어진)에 숙배했 는데, 주쉬(主倅: 예안 현감) 신지제(申之悌) 또한 안집사를 모시고 왔 다. 이윽고 듣건대, 천병(天兵: 명나라 군대)의 전마(戰馬)가 많이 병 들어 죽었고, 대장(大將) 이여송(李如松)이 도로 요동(遼東)으로 돌아 가며 단지 1만 명을 남겨 송경(松京: 개성)에 진을 치도록 한 것을 꼭 믿지는 못하나 장계(狀啓)를 가지고 가는 사람이 전하는 바인데, 날마다 전언통신문이 이와 같다고 하였다.

○ 감영(監營)에 휴가를 신청하러 갔던 사람이 왔는데, 휴가 10일 을 허락받았으니 다행스러웠다.

十二日。

安集使金公玏[19], 肅拜于晬容, 主倅申之悌亦陪來。因聞, 天兵戰馬多病死, 大將李如松, 還入遼東, 只留萬人陣松京, 雖未的信, 然狀啓持去人所傳, 日傳通有如此云。○監營呈告人[20]來, 許暇十日, 可幸。

13일

비를 무릅쓰고 출발하여 안동(安東)에 있는 순백(順伯: 孫時)의 계집종 춘향(春香) 집에서 묵었다.

十三日。

冒雨發行, 宿安東順伯婢春香家。

14일

송제역(松蹄驛)에서 묵었다. 2월부터 봄비가 너무 많이 내려 이르는 곳마다 물을 건너기가 어려웠다.

十四日。

宿松蹄驛。自二月, 春雨過多, 到處艱渡。

---

19 金公玏(김공륵): 金玏(1540~1616): 본관은 禮安, 자는 希玉, 호는 柏巖. 1576년 식년문과에 급제했다. 임진왜란 때 安集使로 영남지방의 민심을 수습하고, 1595년 대사헌이 되어 時務十六條를 상소하였다.

20 呈告人(정고인): 휴가를 신청한 사람.

15일

죽장(竹長)의 주인집에서 묵었다. 주인 등이 모두 기쁘게 맞이하는데 지극 정성으로 후하게 대우하였다. 밤에 큰비가 내려 개울물이 불어서 그대로 머물렀다.

十五日。

宿竹長主人家。主人等皆喜迎, 至誠款厚。夜大雨, 溪漲仍留。

● 4월

3일

감사(監司: 한효순)를 안강(安康)에서 알현하였다.

四月

初三日。

謁監司于安康。

7일

이조(吏曹)의 관문(關文: 공문서)을 보건대, 전 참봉(前參奉) 정사성(鄭士誠)이 종전대로 임명되어 신임 참봉은 교체되었으니, 이로써 예안(禮安)에 가는 것을 중지하였다.

初七日。

見吏曹關, 前參奉鄭士誠因任[21], 新參奉見遞, 以是停禮安行。

11일

영산(靈山: 이응인) 어른이 별세하여 놀라고 애통해 마지않았다.

十一日。

靈山丈捐世, 不勝驚慟。

17일

윤근(閏斤)이 송경(松京: 개성)에서 와 말하기를, "전란 초에는 달 아나 산에 올라 화를 면했고, 당병(唐兵: 명나라 군대)이 오자 비로소 성으로 들어갈 수 있어서 당병들을 지공(支供: 음식 대접)하였습니다. 시랑(侍郞) 송응창(宋應昌)과 제독(提督) 이여송(李如松)이 병력을 합쳐 군대의 위세를 크게 떨쳤으니, 4월 안으로는 반드시 대사(大事)를 일으킬 것입니다. 여러 도의 왜적들이 모두 경성(京城)에 도착하여 그 수가 셀 수 없을 정도로 매우 많았을 뿐만 아니라 또한 식량도 다하여 형편이 곤궁하니, 당병이 그들을 포위하기만 하면 이기지 못할 리가 만무합니다."라고 하였다. 만약 이와 같다면 대첩(大捷)을 바라볼 수 있겠다.

十七日。

閏斤自松京來, 言: "亂初, 登山免禍, 唐兵來, 始得入城, 支供[22]唐兵。宋侍郞應昌, 李提督如松, 合兵, 軍勢大振, 四月內, 必擧大事。諸道賊, 皆到京城, 其麗不億, 亦食盡勢窮, 唐兵圍

---

21 因任(인임): 종전대로 임명함.

22 支供(지공): 음식물을 이바지함.

之, 萬無不克之理.”云。若如此, 克捷可望。

23일

병사(兵使) 권응수(權應銖)가 안강(安康)에 왔는데, 군대를 주둔시
키려는 계획이었다.

○ 초봄부터 굶어 죽은 시체가 길을 메우고 정처 없이 떠도는 사람
들이 길에 가득하니, 향촌의 사족들이 눈 뜨고는 차마 볼 수 없었다.

二十三日。

兵使權應銖來安康, 爲留陣計。○自春初, 餓莩塞路, 流離彌
滿, 士族村巷, 目不忍視。

● 5월

2일~3일

경성(京城)에서 내려오는 자들로부터 간혹 당병(唐兵: 명나라 군)과
왜적이 화친(和親)하려 한다는 소식이 전해지기도 하였다.

五月初二三間。

自京城下來者, 或傳唐兵與賊和親之奇。

5일

듣건대 왜적이 대구(大邱) 이상으로부터 모두 땅을 쓴 듯 돌아갔
고 당병(唐兵: 명나라 군) 40여 기병(騎兵)이 뒤따라 왔지만, 상도(上
道: 경북 북부)로부터 서로 전하기를 공격하지 말라고 한다니, 화친

하려는 뜻을 알만하였다.

○ 근래에 왜적의 소식이 일정하지 않으나 간혹 상주(尙州)에 있다고 하기도 하고 간혹 점차로 내려간다고 하기도 하지만, 당병(唐兵)이 이미 당교(唐橋) 등지에 도착하여 소와 말을 징발하는데 혹 급급하기도 하고 혹 늦추기도 하니 어느 것을 따라야 할지 몰랐다. 대체로 왜적이 처음에는 당인(唐人: 명나라 사람)에게 화친을 청하였으나 퇴각하다가 상주에 도착한 뒤로는 계속 머물며 돌아가지 않으니, 당병이 하는 수 없이 뒤따라 내려온 것이다. 왕자(王子: 임해군과 순화군)는 동래(東萊)에 도착해 승선하는 날에야 돌려보내겠다고 하니, 그 흉악한 꾀는 진실로 헤아릴 수가 없다.

○ 판관(判官) 박의장(朴毅長)이 통정대부(通政大夫)에 승품한 것은 그간 왜적을 쳐서 죽인 공로 때문이었다.

五日。

聞賊自大邱以上, 皆掃地而歸, 唐兵四十餘騎, 隨後而來, 自上道相傳, 勿爲犯擊云, 和意可知。○近日, 賊奇無定, 或云在尙州, 或云漸下, 唐兵已到唐橋[23]等地, 牛馬調發, 或急或緩, 莫適所從。蓋賊初與唐人請和, 而退及到尙後, 連留不歸, 唐兵不得已, 隨逐而下。王子則到東萊, 乘舟日還送云, 其兇計, 誠莫測也。○判官朴毅長陞通政, 以前後擊斬功也。

---

23 唐橋(당교): 경상북도 聞慶郡의 茅田洞과 尙州牧 咸昌縣 允直里 사이의 茅田川에 있던 다리. 신라 때 金庾信이 唐나라 蘇定方의 군사들을 죽여 이곳에 묻었다는 고사에서 유래된 이름이라 한다.

10일

초유사(招諭使) 김성일(金誠一)이 진주(晉州)의 군중(軍中)에서 죽었다는 소식을 듣고는 놀라고 애통해 마지않았다.

初十日。

聞招諭使金誠一, 卒于晉州軍中, 不勝驚慟。

21일

들건대 언양(彦陽)의 왜적들이 물러나자 병사(兵使: 권응수)와 판관(判官)이 언양에 들어갔고, 부백(府伯: 경주 부윤, 윤인함)은 당병(唐兵: 명나라 군)을 지공(支供: 음식 대접)하기 위하여 도차(都差: 差使員의 우두머리)로 또한 갔다.

二十一日。

聞彦陽賊退, 兵使·判官入彦陽, 府伯以唐兵支供, 都差亦往焉。

26일

처음으로 비가 4일간 연달아서 내려 물이 크게 불었다. 사내종이 당병(唐兵: 명나라 군)을 지공(支供: 음식 대접)하는 일로 소를 끌고 관태(官太: 관아의 콩)를 실어 언양(彦陽)으로 향한 것이 10여 일이 지났으나 아직 돌아오지 않았다.

二十六日。

始雨連四日, 水大漲。奴子以支供唐兵事, 牽牛載官太, 向彦陽者, 旬餘未還。

● 6월

듣건대 왜적이 선릉(宣陵)·정릉(靖陵)을 파헤쳤다고 하니 통곡해 마지 않았다.

○ 지난달 20일 이후 도원수(都元帥) 김명원(金命元)과 종사관(從事官) 류희서(柳希緒)가 경주부(慶州府)로 들어갔고, 당병(唐兵: 명나라 군) 7명이 또한 언양(彦陽)에서 와 왜적의 형편을 엿보아 살폈는데, 그 가운데 2명이 장군의 직함을 지닌데다 자못 문자에 능했다고 하였다. 16일 왜적이 경상 우도(慶尙右道)로 향한다는 소식이 있자, 당병의 대군(大軍) 또한 대구(大邱)에 도착한다고 하였으므로, 도원수와 순찰사(巡察使)가 대구로 향했다.

○ 박 판관(朴判官: 박의장)이 부윤(府尹: 경주 부윤)으로 승진하였다.

○ 당 유격장군(唐遊擊將軍: 명나라 유격장군) 심유경(沈惟敬)이 동래(東萊)에서 왜장 2명, 왜병 200여 명, 포로 부원군(府院君) 황정욱(黃廷彧)을 거느리고 함께 돌아와 밀양(密陽)의 류천(柳川) 땅에 멈추어 있었다. 이른 새벽에 독포사(督捕使) 박진(朴晉) 및 방어사(防禦使) 3명[金應瑞·鄭希玄·李時言]이 황 부원군(黃府院君: 황정욱)을 만나러 갔는데, 마침 명나라 장수인 관 유격(田遊擊: 田承宣)이라고 하는 자가 트집을 잡아 따져 묻자, 간혹 독포사나 방어사가 대답하였다. 그 사람이 몹시 분노하여 말하기를, "당병(唐兵: 명나라 군)은 이미 조선(朝鮮)과 일본(日本)이 화친(和親)하도록 했거늘, 너희들은 이처럼 잡아서 죽일 계획을 세우다니 어떻게 된 일이냐?"라고 하며 스스로 칼을 뽑아 들고 베려고 하자, 심 유격(沈遊擊: 심유경)과 황정

욱이 간절하게 말하여 제지할 수 있었다. 오직 박진(朴晉)만 곧장 3대를 치고 알몸으로 결박하게 하였는데, 형벌하고 욕보이는 것이 형편없으니 원통하고 분함을 이루 말할 수가 없었다. 우리나라는 당병(唐兵)을 부모처럼 대우하여 만고의 무궁한 치욕을 씻어주기를 바랐으나, 당병은 도리어 왜적과 대치하면서도 무찌를 생각이 없었고 또한 우리 독포사를 위협하였으니, 강화(講和)가 무슨 의미란 말인가. 어찌 당장(唐將: 명나라 장수) 중에 한 사람도 성스러운 천자(聖天子)의 뜻을 봉행하는 사람이 없단 말인가. 초야에 있는 하찮은 신하도 간담을 찢고 싶으니, 하물며 우리 주상(主上)께서는 어떻게 마음을 가눌 수 있으랴.

六月。

聞賊發宣陵[24]·靖陵[25]云, 不勝痛哭。○前月念後, 都元帥金命元, 從事官柳希緖入府, 唐兵七人, 亦自密陽[26]來, 伺察賊勢, 其中二人帶將唧, 頗能文字云。十六日。賊有向右道之奇, 唐兵大軍, 且到大邱云, 故都元帥·巡察使, 向大邱。○朴判官陞府尹。○唐遊擊將軍沈惟敬[27], 自東萊率倭將二人, 倭兵二百餘人, 及見

<hr>

24 宣陵(선릉): 조선 제9대 왕 成宗과 성종의 繼妃 貞顯王后 尹氏의 무덤.
25 靖陵(정릉): 조선 제11대 中宗의 능.
26 密陽(밀양): 경상남도 동북부에 있는 고을. 북쪽으로 경상북도 청도군, 동쪽으로 양산시·울산광역시 울주군, 남쪽으로 김해시·창원시, 서쪽으로 창녕군과 접한다.
27 沈惟敬(심유경): 중국 명나라의 신하. 임진왜란이 발생했을 때 조선·일본·명 3국 사이에 강화회담을 맡아 진행하면서 농간을 부림으로써 결국 정유재란을 초래했다. 1592년 임진왜란이 발생했을 때 명나라의 병부상서 石星에 의해 遊擊

虜府院君黃廷彧, 偕還, 止密陽柳川地。早曉, 督捕使朴晉及防
禦使三員[28], 進見黃府院君, 適爲唐將田遊擊[29]稱名人所詰問, 或
以督捕·防禦, 對之。其人大怒曰:"唐兵已令朝鮮日本和親, 汝
等乃爲此捕殺之計, 何也?"自拔劒欲斬, 沈遊擊·黃廷彧, 懇乞得
止。惟杖朴晉三度[30], 赤身結縛, 戮辱無狀, 痛憤不可言。我國待

將軍으로 발탁되어 遼陽副摠兵 祖承訓이 이끄는 援軍 부대와 함께 조선에 왔
다. 1592년 8월 명나라군이 평양에서 일본군에게 패하자, 일본장수 고니시 유키
나가[小西行長]와 강화 회담을 교섭한 뒤 쌍방이 논의한 강화조항을 가지고 명
나라로 갔다가 돌아오기로 약속했다. 그러던 중 1593년 1월 명나라 장수 李如松
이 평양에서 일본군을 물리치자 화약은 파기되었다. 하지만 곧 이어 명군이 벽제
관전투에서 일본군에게 패하게 되면서 명나라가 다시 강화 회담을 시도함에 따
라 심유경은 일본진영에 파견되었다. 이후 그는 명과 일본 간의 강화 회담을
5년간이나 진행하게 되었다. 그는 고니시와 의견 절충 끝에 나고야[名護屋]에서
도요토미 히데요시[豊臣秀吉]를 만났는데, 도요토미는 명나라에 대해 명나라의
황녀를 일본의 후비로 보낼 것, 명이 일본과의 무역을 재개할 것, 조선 8도 중
4도를 할양할 것, 조선왕자 및 대신 12명을 인질로 삼게 할 것 등을 요구했다.
이에 심유경은 이러한 요구가 명나라에서 받아들여지지 않을 것으로 생각하고,
일본의 요구 조건을 거짓으로 보고했다. 즉 도요토미를 일본의 왕으로 책봉해
줄 것과, 명에 대한 朝貢을 허락해 줄 것을 일본이 요구했다고 본국에 보고했다.
명나라는 이를 허락한다는 칙서를 보냈으나 두 나라의 요구 조건이 상반되자
강화 회담은 결렬되었고, 결국 일본의 재침입으로 1597년 정유재란이 발생했다.
그의 거짓 보고는 정유재란으로 사실이 탄로되었으나 石星의 도움으로 화를 입
지 않고 다시 조선에 들어와 화의를 교섭하다가 실패하였다. 이에 심유경은 일본
에 항복할 목적으로 경상도 宜寧까지 갔으나 명나라 장수 楊元에게 체포되어
사형 당하였다.

28 防禦使三員(방어사삼원):《선조실록》1593년 7월 18일 11번째 기사에 의하면,
　 평안도 방어사 金應瑞(개명 金景瑞), 좌방어사 鄭希玄, 황해도 방어사 李時言임.

29 田遊擊(관유격): 田承宣.《懲毖錄》과《再造藩邦志》에 나오나, 구체적 인적 사
　 항은 알 수 없다.

30 독포사 박진이 명나라 장수 田承宣에게 곤장을 맞은 사건에 대해 선조가 분노한

唐兵如父母, 庶雪萬古無窮之辱, 唐兵反與賊交和[31], 無意勦滅,
又脅我使, 講和是何意也? 豈唐將無一人奉行 聖天子意者邪? 草
野微臣, 尙欲膽裂, 況我主上, 何以爲心!

● 7월

처음으로 듣건대 왜적이 우도(右道: 경상 우도)로 향하여 함안(咸
安)을 함락시키고 진주(晉州)를 포위하였으나, 진주를 잘 지켰고, 또
적을 매우 많이 죽였다. 왜적은 병력을 물리게 되었는데, 이 때문에
멀리 달려들지 못했다. 황해(黃海)와 호남(湖南)의 병사들이 우도(右
道)에 가득하였고, 당병(唐兵: 명나라 군) 또한 매복을 설치하였다.
좌수사(左水使) 이수일(李守一)이 염포(鹽浦) 등지에서 적선 5척을
노획하였으며, 군기(軍器)도 많이 획득하였고 왜적의 머리를 벤 것
도 많았다고 하였다.

七月。

初聞賊向右道, 陷咸安[32], 圍晉州, 晉州善守, 且殺賊甚多。賊
退兵, 由是不得長驅。黃海·湖南之兵, 彌滿右道, 唐兵亦爲設

기록이《선조실록》1593년 7월 18일 3번째 기사임.

31 交和(교화): 양측의 군사가 맞붙어 대치하는 것을 일컬음.

32 咸安(함안): 경상남도 남부 중앙에 있는 고을. 동쪽은 창원시, 서쪽은 의령군·
진주시, 남쪽은 고성군, 북쪽은 남강과 낙동강을 경계로 의령군과 창녕군에 접
하고 있다.

伏。左水使李守一³³, 獲賊船五隻于鹽浦³⁴等地, 多得軍器, 斬馘
亦多云。

7일

들건대 지난달 29일에 진주성(晉州城)이 함락되었는데, 진주는
처음부터 지금까지 성을 지키고 왜적을 격살(擊殺)하는데 조금도 게
을리하지 않다가 이날에 이르러 왜적들이 힘을 합친 까닭에 능히
버틸 수가 없었다고 하였다.

七日。

聞前月二十九日, 晉州城陷, 晉州自初至今, 城守擊殺不懈, 至
是賊合力, 故不能支云。

13일

경주부(慶州府)에 들어가 신임 부백(府伯: 부윤 박의장)을 만났고

---

33 李守一(이수일, 1554~1632): 본관은 慶州, 자는 季純, 호는 隱庵. 충주 출신.
1583년 무과에 급제, 훈련원의 벼슬을 거쳐 1586년 小農堡權管이 되었다가 남
병사 申恪의 막하로 들어갔다. 1590년 선전관이 되고, 이듬해 장기 현감으로
발탁되었다. 1592년 임진왜란이 일어나자 의병을 일으켜 분전했으나 예천·용궁
에서 패전하였다. 이듬해 밀양 부사로 승진, 이어 경상좌도 수군절도사에 발탁
되고 왜적을 격퇴한 공으로 가선대부에 올랐다. 그 뒤 회령 부사에 이어 1597년
나주 목사에 임명되었으나 부임하지 않았다. 정유재란이 일어나자 지역의 중요
성을 감안한 도체찰사 李元翼의 요청으로 성주 목사가 되었으나 명령을 어겨
杖刑을 받고 종군하였다. 1599년 북도 방어사가 되었다가 곧 북도 병마절도사로
자리를 옮겼다.

34 鹽浦(염포): 울산 울산만에 개설한 조선 시대의 개항장.

또 순찰사(巡察使: 한효순)에게 인사하였다. 얻어듣건대, 진주성(晉州城)이 함락될 때 우병사(右兵使) 최경회(崔慶會), 창의대장(倡義大將) 김천일(金千鎰), 충청 병사(忠淸兵使) 황진(黃進), 목사(牧使) 서예원(徐禮元) 등 다른 수령과 장수들은 형세가 급박해지자 강물에 뛰어들어 죽은 자가 매우 많았으며, 온 성에 용맹한 군사들이 6, 7천 명에 불과했으나 왜적을 죽인 것은 7, 8배에 이르렀다고 하니, 그들이 애써 지키느라 힘을 다하여 싸운 모습을 상상할 수가 있다.

성이 함락될 때 최경회 · 김천일 · 황진이 촉석루(矗石樓)에 올라 북쪽을 향하여 통곡하고는 두 번 절하고서 강(江: 남강)에 투신하였으니, 비록 순원(巡遠: 張巡과 許遠)의 절개라 하더라도 이보다는 더하지 못했다.

애석해할 만한 것은 사녀(士女)들로 성에 들어온 자가 매우 많았으나 장수들이 놓아 내보낼 생각을 하지 못한 것이니, 시체가 쌓여 언덕을 이루었다. 성은 지킨 지 7일 만에 함락되었다고 하였다.

○ 황산 찰방(黃山察訪) 이찬(李瓚)이 말하기를, "당병(唐兵: 명나라 군)이 왜적을 토벌하지 않는 것은 기실 두려워하기 때문이외다. 처음 평양(平壤)을 회복할 때는 전적으로 절강(浙江)의 포수(炮手)들에게 의지하였지만, 제독(提督) 이여송(李如松)이 그들을 미워하여 벽제(碧蹄)에 군대를 진입시킬 때는 포수들을 쓰지 않아서 선봉대가 적에게 모조리 섬멸되고 말았나이다. 평양 전투 이후에는 적들이 당병을 보면 달아났으나, 벽제 전투 이후에는 적들이 당병을 보면 맞서려고 하니, 당장(唐將: 명나라 장수)들이 화친하려는 것은 이 때문이외다."라고 하였다.

十三日。

入府, 謁新府伯, 又拜巡察使. 得聞, 晉州城陷時, 右兵使崔
慶會[35], 倡義大將金千鎰[36], 忠淸兵使黃進[37], 牧使徐禮元[38], 他守

---

35 崔慶會(최경회, 1532~1593): 본관은 海州, 자는 善遇, 호는 三溪·日休堂. 전
라남도 綾州 출신이다. 1561년 進士가 되고, 1567년 式年文科에 급제, 寧海郡
守가 되었다. 1592년 임진왜란 때 의병장이 되어 錦山·茂州 등지에서 왜병과
싸워 크게 전공을 세워 이듬해 경상우도 兵馬節度使에 승진했다. 그해 6월 제2
차 晉州城 싸움에서 9주야를 싸우다 전사했다.

36 金千鎰(김천일, 1537~1593): 본관은 彦陽, 자는 士重, 호는 健齋·克念堂.
1578년 任實縣監을 지냈다. 임진왜란 때 나주에 있다가 高敬命·朴光玉·崔慶
會 등에게 글을 보내 倡義起兵할 것을 제의하는 한편, 담양에서 고경명 등과도
협의하였다. 그 뒤 나주에서 宋濟民·梁山璹·朴懽 등과 함께 의병의 기치를 들
고 의병 300명을 모아 북쪽으로 출병하였다. 한편, 공주에서 趙憲과 호서지방
의병에 관해 협의하고는 곧 수원에 도착하였다. 북상할 때 수원의 연도에서 스스
로 의병에 참가한 자와 또 호서방면에서 모집한 숫자가 크게 늘어나자 군세는
사기를 떨쳤다. 수원의 禿城山城을 거점으로 본격적인 군사 활동을 전개, 유격
전으로 개가를 올렸다. 특히, 金嶺戰鬪에서는 일시에 적 15명을 참살하고 많은
전리품을 노획하는 대전과를 올렸다. 8월 전라병사에 崔遠의 관군과 함께 강화
도로 진을 옮겼다. 이 무렵 조정으로부터 倡義使라는 軍號를 받고 掌禮院判決
事에 임명되었다. 강화도에 진을 옮긴 뒤 강화부사·전라병사와 협력해 연안에
防柵을 쌓고 병선을 수리해 전투태세를 재정비하였다. 강화도는 당시 조정의
명령을 호남·호서에 전달할 수 있는 전략상의 요충지였다. 9월에는 通川·陽川
지구의 의병까지 지휘했고 매일같이 강화 연안의 적군을 공격했으며, 양천·김
포 등지의 왜군을 패주시켰다. 한편, 전라병사·경기수사·충청병사, 秋義兵將
禹性傳 등의 관군 및 의병과 합세해 楊花渡戰鬪에서 대승을 거두었다. 또한,
일본군의 圓陵 도굴 행위도 막아 이를 봉위하기도 하였다. 다음해인 1593년 정
월 명나라 군대가 평양을 수복, 개성으로 진격할 때 이들의 작전을 도왔으며,
명·일간에 강화가 제기되자 반대 운동을 전개하였다. 서울이 수복되어 굶주리는
자가 속출하자 배로 쌀 1,000석을 공급해 구휼하였다. 전투에서도 경기수사·충
청수사와 함께 仙遊峯 및 沙峴戰鬪에서 다수의 적을 참살, 생포하고 2월에는
權慄의 행주산성 전투에 강화도로부터 출진해 참가하였다. 이들 의병은 강화도

令·諸將, 勢窮, 赴水死者甚衆, 一城勇軍, 不過六七千, 而殺賊
幾至七八倍, 其苦守力戰之狀可想。 城陷時, 崔慶會·金千鎰·黃

를 중심으로 장기간의 전투에서 400여 명의 적을 참살하는 전공을 세웠다. 1593
년 4월 왜군이 서울에서 철수하자 이를 추격, 상주를 거쳐 함안에 이르렀다.
이때 명·일강화가 추진 중인데도 불구하고 남하한 적군의 주력은 경상도 밀양
부근에 집결, 동래·김해 등지의 군사와 합세해 1차 진주싸움의 패배를 설욕하기
위한 진주성 공격을 서두르고 있었다. 이에 6월 14일 300명의 의병을 이끌고
입성하자 여기에 다시 관군과 의병이 모여들었다. 합세한 관군·의병의 주장인
都節制가 되어 항전 태세를 갖추었다. 10만에 가까운 적의 대군이 6월 21일부터
29일까지 대공세를 감행하자 아군은 중과부적임에도 분전했으나 끝내 함락되고
말았다. 이에 아들 金象乾과 함께 촉석루에서 南江에 몸을 던져 순사하였다.

37 黃進(황진, 1550~1593): 본관은 長水, 자는 明甫. 1576년 무과에 급제해 선전관
에 임명되었다. 그 뒤 거산도 찰방에 기용되고 安原堡權管을 역임하였다. 이어
다시 선전관이 되어 통신사 黃允吉 일행을 따라 일본에 다녀왔다. 그 뒤 濟用監主
簿를 거쳐, 동복 현감에 임명되었다. 1592년 임진왜란이 일어나자, 전라도 관찰
사 李洸을 따라 군대를 이끌고 용인에서 왜군과 대적했으나 패하였다. 이후 남하
하다가 진안에 침입한 왜적 선봉장을 사살하고 이어 安德院에 침입한 적을 격퇴
하였다. 그리고 훈련원 판관으로 梨峴戰鬪에 참가해 왜적을 격퇴하였다. 이 공으
로 익산 군수로 충청도 조방장을 겸하였다. 1593년 2월 전라병사 宣居怡를 따라
수원에서 왜군을 맞아 싸웠다. 3월에는 충청도 병마절도사가 되어 陣을 안성으로
옮겼다. 여기서 군대를 훈련시키고 대오를 정비해 죽산성에 있는 적과 대치하였
다. 이때 적장 후쿠시마 마사노리(福島正則)가 안산성을 탈취하고자 竹山府城을
나와 안성으로 진군하였다. 이에 군사를 이끌고 왜군에 접전해 죽산성을 점령했
으며, 퇴각하는 왜군을 상주까지 추격해 대파하였다. 그 뒤 6월 적의 대군이 진주
를 공략하자 倡義使 金千鎰, 병마절도사 崔慶會와 함께 진주성으로 들어갔다.
그리고 성을 굳게 지키며 9일간이나 용전하다가 장렬하게 전사하였다.

38 徐禮元(서예원, ?~1593): 1573년 무과에 급제하여 선전관이 되었다. 1591년 김
해 부사로 부임하였으며, 임진왜란이 일어나 왜군과 공방전을 벌이다가 패주하
였다. 이 일로 삭탈관직당했으나 의병장 金沔과 함께 왜적과 싸웠으며, 제1차
진주성 싸움에서 목사 金時敏을 도와 왜적과 항전하였다. 1593년 진주목사가
되었으며 제2차 진주성 싸움에서 순국하였다.

進, 登矗石樓[39], 北向痛哭, 再拜而投江, 雖巡遠[40]之節, 不過是也。所可惜者, 士女入城者甚衆, 諸將不思放出, 積尸丘山。城守七日而陷云。○黃山[41]察訪李瓚言: "唐兵之不討賊, 其實畏之也。初復平壤時, 專賴浙江炮手, 李提督如松忌之, 碧蹄[42]進軍時, 不用炮手, 先鋒盡殲於賊。平壤之後, 賊見唐兵則走, 碧蹄之後, 賊見唐兵則逆之, 唐將之欲和, 以此。"云。

18일

저녁에 듣건대 왜적이 울산(蔚山)의 태화(太華: 태화강)와 양산(梁山) 등지로 되돌아와 진을 쳤다고 하였다. 어떤 사람이 왜적의 군중으로부터 와서 왜적들이 한 말을 은밀히 알리며 말하기를, "경주(慶州)는 평소 성을 잘 지키고 또한 자못 거침없이 나와 공격하여 반드시 복수를 하고자 20일로 정해 경주에 쳐들어갈 계획을 세웠소이다."라고 하니, 온 경주부(慶州府)가 술렁대었다.

十八日。

夕, 聞賊還陣于蔚山[43]太華[44]·梁山等處。有人自賊中來, 潛報

---

39 矗石樓(촉석루): 경상남도 진주시 본성동에 있는 누각.

40 巡遠(순원): 張巡과 許遠. 당나라 玄宗 때의 名臣으로, 安祿山의 난에 睢陽城을 굳게 지키다 순국하였다.

41 黃山(황산): 黃山驛. 조선시대 경상남도 양산지역에 설치된 교통 통신기관.

42 碧蹄(벽제): 경기도 고양시 덕양구 벽제동.

43 蔚山(울산): 경상남도 북동부에 있는 고을. 동쪽은 동해, 서쪽은 경상남도 밀양시와 경상북도 청도군, 남쪽은 부산광역시 기장군과 경상남도 양산시, 북쪽은 경상북도 경주시와 접하고 있다.

賊語, 曰: "慶州素善守, 亦頗突擊, 必欲復讐, 以二十日定, 爲入
慶之計."云, 一府騷動。

● 8월

3일

당병(唐兵: 명나라 군) 1천여 명이 경주(慶州)에 들어왔는데, 스스
로 땔나무를 준비해야 하는데다 거침없이 돌진해야 할 곳이 없어
소문과 다른지라, 오래지 않아 대구(大邱)로 되돌아갔다.

八月

初三日。

唐兵千餘入慶州, 自備柴木, 無所橫突, 與所聞異, 未久還大邱。

8일

왜적들이 기장(機張) 등지로 퇴각해 주둔했으나 진퇴(進退)가 일
정하지 않았다. 왕자 임해군(臨海君)과 순화군(順和君) 및 황혁(黃赫)
등이 왜장과 함께 이달 초에 경성(京城)으로 올라갔다.

初八日。

賊退屯機張[45]等地, 進退無常。王子兩君, 黃赫等, 與倭將, 月

---

44 太華(태화): 太華江. 울산을 지나 동해로 흘러드는 강. 울산시 울주군 上北面의
     迦智山·高獻山 등에서 발원하는 南川을 본류로 하여 동쪽으로 흐른다. 물길은
     다시 언양·범서·울산 등지를 지나 울산만에서 동해로 빠져나간다.

初上京。

12일

기계(杞溪)로 가서 부백(府伯) 윤인함(尹仁涵)을 만나 뵙고 전별하
자, 부백이 손을 잡고서 말하기를, "2년의 난리 속에 생사를 함께하
다가 지금 천리 길을 떠나야 하는 이별을 당하니 슬픔과 서운함을
이기지 못하겠네. 뒷날에 양가의 자손들이 이러한 정의(情誼)를 능
히 알려는지 알 수 없네."라고 하였다.

나는 슬프고 침울하였으나 이윽고 인비리(仁庇里)로 가서 장수 찰
방(長水察訪) 이의정(李宜正)을 만나보았다. 찰방은 교대를 기다리
며 애써 머물렀다고 하였다.

十二日。

往謁尹府伯于杞溪, 餞行[46], 府伯執手言曰: "二載亂中, 死生與
同, 今當千里之別, 不勝悵缺。未知異日, 兩家子孫, 能知此誼
否?" 余黯然, 因往仁庇[47], 見長水察訪李宜正[48]。察訪待交代, 苦
留云。

45　機張(기장): 부산광역시의 북동부에 있는 고을. 동쪽은 동해, 북서쪽으로 대운
　　산맥을 경계로 경상남도 양산시, 남서쪽으로 부산광역시 금정구·해운대구, 북
　　동쪽은 울산광역시 울주군과 접하고 있다.

46　餞行(전행): 전별함.

47　仁庇(인비): 경상북도 포항시 북구 기계면의 마을.

48　李宜正(이의정, 1538~?): 본관은 新平, 자는 泰叔. 報恩 출신. 1573년 식년시
　　에 급제하였다. 黔澗 趙靖의 장남인 趙基遠의 장인이다.

18일

부백(府伯: 윤인함)이 출발하여 마을에 들어온 것을 미리 알고도 가서 전송할 수가 없어서 작별의 시문을 지어 보내드렸는데, 부백도 화답하는 글을 보내왔다.

十八日。

府伯發, 宿知入村, 未得往餞, 作別章[49]仰呈, 府伯和送。

26일

저녁에 들건대 왜적이 동면(東面)에 있는 입곡(入谷) 등의 마을을 불태우며 사람을 죽이고 약탈함이 매우 많았다고 하는데, 경주부(慶州府) 안의 사람들이 모두 놀라 흩어졌다. 이튿날 왜적이 조금 물러나자, 병사(兵使: 권응수)가 돌아와 불국사(佛國寺)에 진을 쳤다.

二十六日。

夕聞, 賊焚蕩東面入谷[50]等村, 殺掠甚衆, 府內皆驚散。翌日, 賊稍退, 兵使還陣佛國寺。

● 9월

19일

당병(唐兵: 명나라 군)이 우리 경주부로 내려왔는데, 참군장(參軍

---

49 別章(별장): 서로 헤어지는 정을 내용으로 하여 지은 詩文.
50 入谷(입곡): 入室. 경상북도 경주시 외동읍 입실리.

將) 낙천근(駱千斤: 駱尙志) 등 2천여 명이 서산(西山)에 진을 치고는 겨울을 보낼 계획을 세우니 군량을 운송케 한 폐단을 백성들이 감당 할 수가 없었지만, 또한 이것도 조금씩 편안해지리라 믿었다.

九月

十九日。

唐兵下本府, 駱參軍千斤[51]等二千餘人, 陣于西山, 爲過冬計, 飛輓[52]之弊, 民不能堪。然亦恃此稍安。

● 10월

12일

왜적이 돌진해와 용장촌(茸長村)에 이르렀는데, 당병(唐兵: 명나라 군)의 선봉 6명이 죽으니 고통과 슬픔을 이길 수가 없었다. 왜적의 수를 알지 못했는데, 당병은 단지 30명이 아군과 좌우익으로 나누 었다. 당병이 중앙에서 곧바로 진입했으나 아군의 좌우익 모두가 무너져 달아났다. 당병만 홀로 진입했다가 적에게 포위되어 그처럼 패배를 보게 되었지만, 30명은 대적(大賊)을 상대하여 진격만 있고 후퇴가 없었으니 무찔러 죽인 것도 또한 많았고 왜적 1명의 머리도

---

51 駱參軍千斤(낙참군천근): 駱尙志. 1592년 12월 左參將으로 보병 3천 명을 이끌 고 참전한 명나라 장수. 힘이 월등하여 1천 근의 무게를 들었으므로 駱千斤으로 불렸다. 평양 전투에서 앞장서 성벽에 올라 승리에 큰 기여를 하였다.

52 飛輓(비만): 군량 운송을 말함.

베었다. 당군(唐軍: 명나라 군)이 계속해서 진격하자 왜적은 멀리서 보고도 달아나버렸다. 만일 아군이 무너지지 않았다면 비록 30명이 었을지라도 오히려 대첩을 거둘 수 있었으리니, 아군의 죄는 죽여 도 용서할 수 없다. 당병은 팔거(八莒)와 대구(大邱) 등지에 있으면 서 경주(慶州) 전투에서의 패배 소식을 들었다. 17일 삼진(三陣: 왜장 宇喜多秀家의 부대)이 내려와 경주부성(慶州府城)을 점거하자, 부백 (府伯: 부윤 박의장)·판관(判官) 등이 성 밖으로 나가 2, 3칸짜리 불탄 집을 얻어 지냈다.

十月

十二日。

賊突至茸長村[53], 唐先鋒六人死, 不勝痛悼。賊不知其數, 唐兵 但三十人, 與我軍分左右翼。唐兵居中直進, 我軍左右翼, 皆潰 走。唐兵獨進, 爲賊所圍, 以是見敗。然以三十人當大敵, 有進 無退, 刺殺亦多, 斬首一級。唐軍繼進, 賊望見而走。倘非我軍 之潰, 雖三十人, 尙可大捷, 我軍之罪, 不容誅矣。唐兵在八莒[54] ·大邱等地, 聞慶州陣見敗。十七日, 三陣[55]下來據府城, 府伯·

---

53 茸長村(용장촌): 경상북도 경주시 내남면 용장리.

54 八莒(팔거): 경상북도 칠곡의 옛 지명.

55 三陣(삼진): 1592년 12월 權慄이 병마절도사 宣居怡를 부사령관으로 삼아 1만 여 명의 군사를 거느리고 한양을 수복하려고 진격하다가 水原의 禿城山城에 견 고한 진지를 구축하고 왜군의 보급로를 끊자, 이 소식을 전해 들은 왜장 우키다 히데이에(宇喜多秀家)는 후방과 연락이 두절할까 염려하여 도성에 주둔한 왜병 을 풀어 烏山 등 여러 곳에 진을 치게 한 부대.

判官等, 出城外, 得二三間燹餘屋, 居焉。

25일

오금(吾今) 계집종이 찾아와서 말하기를, "당병(唐兵: 명나라 군)이 날마다 마을에 와서 대나무를 베고 민가에 함부로 들어와 약탈하니, 사람들이 고초를 견디기가 어렵사옵니다. 많게는 4, 50명이고 적게는 10여 명 또는 7, 8명이 계속하여 끊이지 않습니다."라고 하였다.

二十五日。

吾今婢子來言: "唐兵, 日日到村刈竹, 濫入人家攫取[56], 人不堪苦。多則四五十, 小則十餘或七八, 連絡不絶."

● 11월

2일

들건대 왜적이 대거 들이닥쳐 모아(毛兒)·와곡(瓦谷) 등의 마을을 불사르고 있다 하니, 갈팡질팡 피난길 떠날 준비를 하여 먼저 가솔(家率: 식솔)을 기계(杞溪)로 보내고서야 겨우 문을 걸어 잠그고 밖으로 나서자, 오금(吾今) 계집종이 와서 말하기를, "왜적이 이미 왕신리(王信里)에 도착했습니다."라고 하였다.

땅거미가 질 무렵 기계(杞溪)의 민가에 의탁하여 묵었다.

---

56 攫取(확취): 약탈함. 수탈함.

十一月

初二日。

聞賊大至, 焚毛兒[57]·瓦谷[58]等村, 顚倒治行, 先送家屬[59]于杞
溪, 纔得鎖門出外, 吾今婢來言: "賊已到王信[60]。初昏, 託宿于杞
溪人家。

3일

순백(順伯: 孫時)이 왜적의 기세가 조금 누그러졌다는 소식을 듣고,
내려와 유당령(鍮堂嶺)에 이르러 왜적이 분탕질하며 안강(安康)·양좌
(良佐: 양동) 등의 마을에 이미 도착한 것을 보고서 급히 춘남(春男)을
보내어 가솔(家率: 식솔)을 피난길에 나서도록 하였다. 가솔은 춘남이
급히 부르면서 오는 것을 보고 어찌할 줄 몰라 갈팡질팡하여 혹 말에
서 떨어지기도 하고 혹 걸어 도망쳤으니, 군색함과 위급함을 형용할
수가 없었다. 말응천(末應川) 가에 이르러 되돌아보니, 연기와 불길
이 하늘로 치솟고 있었다.

날이 저물자, 동네에 들어가 지냈다.

初三日。

---

57 毛兒(모아): 경상북도 경주시 川北面에 있는 毛兒里.

58 瓦谷(와곡): 기와골. 경상북도 경주시 암곡동. 경주 보문단지에서 감포 방향으
로 덕동댐을 지나면 댐 좌측 안쪽으로 있는 마을이다. 댐 건설로 마을이 수몰되
기 이전에는 황룡골, 명실골, 기와골이라는 자연부락이 있었다.

59 家屬(가속): 家率. 食率. 한집안에 딸린 구성원.

60 王信(왕신): 경상북도 경주시 강동면 왕신리.

順伯聞, 賊勢稍退, 下來到鍮堂嶺, 見賊焚蕩已到安康·良佐[61] 等村, 急送春男, 發行家屬。家屬見春男, 急呼而來, 蒼黃顚倒, 或墜馬, 或步走, 窘急不可狀。到末應川[62]上, 回看, 烟火接天。 夕, 投居洞。

4일

들건대 민가는 불길을 면했으나 세간살이로 운반하지 못한 것들은 왜적이 모두 수색해 가지고 갔다.

初四日。

聞家舍免火, 什物不能運者, 賊皆搜去。

5일

당병(唐兵: 명나라 군)이 왜적과 대동(大洞: 한골)에서 맞붙어 싸웠는데 패하여 죽은 자가 매우 많았다.

初五日。

唐兵與賊, 接戰于大洞[63], 敗死者甚多。

---

61 良佐(양좌): 良佐里. 경주시 양동마을의 원래 이름. 楊月里 왼쪽에 있는 마을이라는 뜻에서 처음에는 楊左라 했는데, 뒤에 어진 인물들이 많이 나와 良佐로 바꿔 불렀다고 한다.

62 末應川(말응천): 末應里는 경상남도 下北面 白鹿里 鹿洞의 옛 지명으로, 백록리의 白鹿川을 가리킴.

63 大洞(대동): 한골. 경상북도 경주시 강동면 검단리에 있는 무릉산 동쪽 기슭의 골짜기에 자리한 마을.

19일

왜적이 장기(長鬐)를 침범했는데, 큰 선박 8척이 왔지만 아군이 활을 쏘아 물리쳤다.

十九日。

賊犯長鬐[64], 大船八隻來, 我軍射退之。

27일

읍리(邑吏) 최언선(崔彦先)을 만났는데, 경주부(慶州府)로부터 와서 말하기를, "어제 왜적이 조역(朝驛)을 불태웠나이다. 부중(府中)이 소란스러웠지만 얼마 있다가 왜적이 물러났는데, 그런 뒤로 적의 소식이 혹은 거짓이기도 하고 혹은 사실이기도 하여 사람들이 밤에도 잘 수가 없고 낮에도 편안히 지낼 수가 없나이다."라고 하였다.

二十七日。

見邑吏崔彦先, 自府來言: "昨日, 賊焚蕩朝驛[65]。府中騷然, 俄而賊退, 此後賊奇, 或虛或實, 人夜不能寢, 晝不能安居。"云。

---

64 長鬐(장기): 경상북도 포항시 지행면 지역에 있던 고을.
65 朝驛(조역): 경상북도 경주부의 동쪽으로 25리에 있던 驛院.

● 12월

10일

집경전(集慶殿)에 화재가 일어났다.

十二月

初十日。

集慶殿灾。

갑오년(1594)

• 1월

한질(寒疾: 겨울 독감)이 점점 심해져 스스로 거의 죽게 된 상태라 여겼지만, 2월 초순 사이에 이르러 비로소 지팡이를 짚고 문을 나설 수 있었다.

甲午

正月。

寒疾漸緊, 自擬濱死, 至二月初旬間, 始扶杖出戶。

• 2월

13일

들건대 왜적의 소식이 매우 급박하다고 하는데도 내 몸이 말을 탈 수가 없어서 어찌해야 할지 근심했는데, 얼마 있다가 왜적이 물러갔다.

○ 들건대 적장(賊將) 청정(淸正: 가등청정)이 서생포(西生浦)에 있으면서 적의 장수 가운데 효용(驍勇)이 으뜸인 자들을 불러 모으고 철마(鐵馬)들로 경주(慶州) 및 송라(松羅) 등지를 짓밟을 계획으로 행

군하여 울산(蔚山)에 도착하였지만, 마침 화친(和親)이 이루어져 당리(唐吏: 명나라 관원)가 저들에게 도착하였고 우리나라 또한 관원을 보내어 화해하였기 때문에 우선 물러나 돌아갔다고 하였다.

十三日。

聞賊奇甚迫, 身不能騎馬, 悶如之何, 俄而賊退。○聞賊將淸正[1], 在西生浦[2], 驍勇甲於賊帥, 有招集諸鐵馬, 驅慶州及松羅[3]等地之計, 行兵到蔚山, 適和親成, 唐吏到彼, 我國亦送吏和解, 故姑退還云。

1　淸正(청정): 加藤淸正. 가토 기요마사. 임진왜란 당시 일본군 제2군을 지휘하여 조선을 침략한 장수. 한양에 입성한 후 함경도로 전진하여 조선의 왕자를 인질로 사로잡았다. 강화 교섭기에는 울산에 주둔하면서 조선의 사명대사 惟政과 교섭하기도 했다. 강화교섭 결렬 후 조선을 다시 침략했다. 조명연합군이 그의 진지 울산성을 공격한 울산성 전투(도산성 전투)에서 고전하기도 했다. 임진왜란이 끝난 후 벌어진 관원[關カ原] 전투 때에는 德川家康의 동군에 속하여 구주에서 小西行長의 성을 공격했다. 소서행장에게 강한 경쟁심을 품고 있었으며 두 사람은 임진왜란과 관원 전투 때까지 지속적인 갈등 관계에 있었던 것으로 알려져 있다.

2　西生浦(서생포): 경상북도 울산광역시 울주군 서생면 서생리에 있는 포구. 回夜江 어귀의 포구인데, 1593년 왜군이 이곳까지 쫓겨 와서 지구전을 펴기 위하여 돌로 쌓은 城이 있다.

3　松羅(송라): 경상북도 포항시 북구에 있는 고을. 북쪽으로는 영덕군 남정면, 서쪽으로는 포항시의 죽장면과 신광면, 남쪽으로는 청하면, 동쪽으로는 동해와 접한다.

● 3월

20일

듣건대 판관(判官) 김응기(金應期)가 전사했다고 하였다.【협주: 이
뒤의 일기는 흩어지고 없어져서 전하지 않으니 개탄스럽다.】

三月

二十日。

聞判官金應期戰死。【此後日記, 散逸無傳, 可歎.】

참고자료

가장

손향구(1695~1755)

선생의 이름은 엽(曄), 자는 문백(文伯), 호는 청허(淸虛)인데, 손씨(孫氏) 월성인(月城人)은 신라(新羅) 대수부(大樹部)에서 나왔다. 신라는 6명의 부장(部長)이 있어서 각기 성(姓)을 내렸으니, 손씨는 바로 그 중의 하나이다. 비조(鼻祖)의 이름은 순(順)으로 효행(孝行)이 있어서 신라의 역사에 기재되었다. 신라에서 고려(高麗)를 거치며 대대로 높은 벼슬을 이었고, 조선조에 들어와서 이름 현검(玄儉)은 가정대부(嘉靖大夫) 검교중추원 부사(檢校中樞院副使)이었고, 이름 등(登)은 승의랑(承議郎) 사헌부 감찰(司憲府監察)로 호조 참의(戶曹參議)에 증직되었으며, 이름 사성(士晟)은 병조 참의(兵曹參議)로 계성군(雞城君)에 봉해졌으니 바로 공(公: 손엽)의 5세조이다. 고조부의 이름 소(昭)는 가선대부(嘉善大夫) 이조 참판(吏曹參判)으로 정충출기적개공신(精忠出氣敵愾功臣)이 되었고 계천군(雞川君)에 봉해졌으며 시호는 양민(襄敏)이다. 증조부의 이름 중돈(仲暾)은 자헌대부(資憲大夫) 의정부(議政府) 우참찬(右參贊)으로 월성군(月城君)에 봉해졌으며, 시호는 경절(景節)이고 호는 우재(愚齋)이다. 조부의 이름 경(曒)은 일찍 세상을 떠났다. 아버지의 이름 광호(光暠)는 성균관 진사(成均館進士)로 호는 설애(雪厓)이며, 어머니는 장수 황씨(長水黃氏) 별제(別提) 계옥(季沃)의 딸이다.

가정(嘉靖) 갑진년(1544) 12월 14일에 공(公: 손엽)은 양좌리(良佐里: 양동마을)의 집에서 태어났다. 어려서부터 타고난 자질이 뛰어나게 달랐고, 성품이 효성스럽고 우애가 있었으며, 글솜씨가 넉넉하고 민첩하였다.

명종(明宗) 무오년(1558)에 동도(東都: 경주)에 인재가 많다고 여기고서 특명으로 신라옥적(新羅玉笛)이란 시제(試題)를 내고 경관(京官: 도성의 관원)을 보내어 제생(諸生)을 시험하게 하였다. 이때 공의 나이가 겨우 15세였는데, 고관(考官: 시험관)이 공(公)의 시를 보고 몹시 기특하게 여겨 높은 등급에 뽑아 놓으니, 이로부터 이름이 당세에 알려졌다. 무진년(1568) 사마시(司馬試)에 합격하였지만, 여러 차례 향시(鄕試)를 보았으나 합격하지 못하였다.

얼마 지난 뒤에 탄식하여 말하기를, "나는 옛것을 좋아하나 세상의 습속에서는 이미 옛것을 좋아하지 않아 합격하지 못하는 것이 운명일지니, 내가 어찌 구차하겠는가?"라고 하였다. 그리하여 마침내 과거에 응시하지 않고, 성리학(性理學)에 뜻을 더욱 굳게 두었다. 지산(芝山) 조호익(曺好益), 구암(龜巖) 이정(李楨), 백담(栢潭) 구봉령(具鳳齡), 월천(月川) 조목(趙穆), 동암(東巖) 이영도(李詠道), 인재(訒齋) 최현(崔晛), 검간(黔澗) 조정(趙靖), 임용재(林慵齋), 오봉(梧峯) 신지제(申之悌), 성재(惺齋) 금난수(琴蘭秀), ·일휴(日休) 금응협(琴應夾), 면진(勉進) 금응훈(琴應壎)과 도의지교(道義之交)를 맺었다.

선조(宣祖) 임진년(1592)에 왜구들이 침략해오자, 공(公)이 곧바로 집경전(集慶殿)에 나아가서 강헌대왕(康獻大王: 태조 이성계)의 수용(睟容: 御眞)을 받들어 예안(禮安)의 이동암(李東巖: 李詠道) 서당(書

堂: 백동서당)으로 옮겨 봉안했고, 또 5성 10철(五聖十哲) 및 12현인 위판(位版)을 금곡사(金谷寺)에 안치하였다. 가족들을 거느리고 죽장산(竹長山) 속으로 들어갔다.

부백(府伯: 경주 부윤) 윤공(尹公, 협주: 윤인함)은 평소 공(公)과 친하였는데, 스스로 맹세하기를 기필코 적에게 죽임을 당하리라고 하면서 마침내 공(公)에게 그의 가족들을 부탁하였다. 공(公)이 집 한쪽을 나누어 주고 지내게 하고서 윤공(尹公)에게 일러 말하기를, "우리집은 대대로 녹봉을 받은 가문으로서 행불행을 의당 같이해야 하나, 부모님이 늙으셨고 동생이 죽어서 형편상 멀리 떠나기가 어려우니 어찌해야 하겠습니까?"라고 하였다. 윤공은 그 뜻을 장하게 여기고 공(公)을 경주부(慶州府)의 대솔(帶率)로 삼은 데다 또 감영(監營)의 연병장(鍊兵將)으로 삼자, 윤공과 더불어 죽음을 무릅쓰고 왜적을 방어하니 경주의 백성들이 이에 힘입어 모두 온전할 수 있었다. 이해 겨울 집경전 참봉(集慶殿參奉)에 제수되었으니, 호성위사(扈聖衛師)를 가상히 여긴 것이다.

이윽고 망우당(忘憂堂) 곽재우(郭再祐)·서애(西厓) 류성룡(柳成龍)·우복(愚伏) 정경세(鄭經世)와 함께 화왕산성(火旺山城)에서 모여 맹약을 하였으며, 백운(白雲) 권응수(權應銖)를 위하여 여러 차례 군량미를 조달하였다. 윤공을 내직(內職)으로 불러들이고 무의(武毅) 박의장(朴毅長)이 경주의 일[府伯]을 맡게 되자, 공(公)은 본직(本職: 帶率인 듯) 때문에 또 그의 막부(幕府)에서 지냈다. 이때 아군은 천병(天兵: 명나라 군)을 위하여 맨 먼저 성에 올라 왜적을 참획(斬獲)한 것이 매우 많았지만, 아군 또한 적에게 대부분 몰사를 당하여 공(公)이

제문(祭文)을 지어 제사를 지내주었다. 때마침 천병(天兵)이 안강(安康)에 주둔하였는데, 선장(先庄: 선대의 農幕)에 들어와서 대나무를 많이 벌채해가니, 공(公)이 편지로 힘써서 그 작폐가 다소나마 잠잠해졌다.

얼마 안 지나 설애공(雪厓公)의 상(喪)을 당하여 상중의 슬픔과 예를 극진히 하였고, 3년간 시묘살이를 마치고서 상복을 벗었다. 해구(海寇: 왜적)들 또한 철수해 물러갔다. 정릉 참봉(靖陵參奉)에 제수되었으나 끝내 나아가지 않고 설천(雪川) 가에 정자를 수축(修築)하였으니, 설천은 동도(東都: 경주)의 산과 물이 모인 곳이다. 물과 바위에 구름과 안개는 한 고을의 명승지였으므로 수운(水雲)이라고 편액(扁額)했으니, 대개 물이 맑고 구름이 떠 있는 것[水淸雲虛]에 스스로 견준 까닭이다. 청허(淸虛)라는 이름을 붙인 것 또한 이 때문이었다. 2개의 석대(石臺)를 이름 지을 때, 보이지 않고 들리지 않는 곳에서도 능히 삼가야 하나니 '계구(戒懼)'라 하였고, 멀리 있는 강호에서도 임금을 걱정해야 하나니 '망미(望美)'라고 하였다. 청아하고 그윽한 방 한 칸을 만들어놓고는 꽃모종을 내고 대나무를 심었는데, 자못 문장을 지어 자기의 뜻을 보이며 우유자적(優遊自適)하다가 노년을 마쳤다. 유집(遺集) 약간 편이 상자 속에 간직되어 있다.

만력(萬曆) 경자년(1600) 12월 14일 세상을 떠났고, 신축년(1601) 정월 안강현(安康縣) 근곡리(根谷里)의 해좌(亥坐)를 등진 언덕에 장례를 지냈다. 첫째 부인은 하성 조씨(夏城曺氏)로 호조 참의(戶曹參議)에 증직된 조충개(曺忠愷)의 딸인데 자식이 없었다. 둘째 부인은 신광진씨(神光陳氏) 진봉호(陳奉扈)의 딸로 두 아들을 낳았으니, 수원(壽元)과 수온(壽溫)이다. 수원은 외아들 민정(敏政)을 두었고, 민정은 두 아들 여경(汝璟)과 여순(汝珣)을 두었다. 시후(是厚)·시해(是海)는 여경의 아들이고, 시효(是孝)는 여순의 아들이다.

아, 공(公)은 불세출의 인재로 우재(愚齋: 손중돈)·회재(晦齋: 이언적)가 잇달아 배출된 곳에 나고 자라 그 심법(心法)의 전하고 받음과 풍류(風流)와 운치(韻致)를 눈으로 보고 느끼는 데에 대개 또한 소양이 있었던 것이리라. 그리고 교유한 사람들 또한 모두 당세의 인자하고 현명한 충의(忠義)의 선비였다. 그래서 의(義)를 보면 서둘렀고 학문이 해박하였으며, 도(道)를 믿는 것이 독실하였고 뜻과 절개가 굳었으니, 즐겁든 슬프든 좋든 궂든 그 마음을 동요시키지 못하였다. 나이가 성동(成童: 15세)이 되었을 즈음 명성이 도성에 떠들썩하였던데다 공(公)이 명문가의 벌열이었기 때문에 청자(靑紫: 고관대작)를 취하는 것은 땅에 티끌을 줍는 것과 같았으나, 세상이 나와 어긋나면 차라리 암혈(巖穴: 동굴 또는 초야)에서 늙어 죽을지언정 그 지조를 바꾸지 않았다. 또 가령 섬 오랑캐가 창궐했던 시초에 임금과 어버이를 버리는 자들이야 무지몽매하였지만, 공(公)은 선성(先聖)을 모시고서 전란을 피하였고 수용(晬容: 태조 이성계 어진)을 지켜서 안전한 곳으로 봉안하였으니, 직무에 맡은 일이 없는 데도 나랏일에 참여하기를 도모한 것이었다. 밖에서 의기(義氣)를 중히 여기면서도 어버이를 버리지 않았으니, 4년 동안 의병을 일으키고 맹세하여 끝내 부모의 고향이 온전하였다. 100리를 실어다 먹여서 의병의 위력을 떨쳤다. 의로운 넋을 애도하니 귀신과 사람들이 감격하였고, 횡포 부리는 것을 금하니 천장(天將: 명나라 장수)이 두려워 복종

하였다. 시묘살이 3년 동안에 흘린 피눈물이 겨우 말랐는데도 전쟁을 8년 동안 치르면서 겪은 나라의 치욕 또한 씻어야 했는데, 그 같은 경륜(經綸)과 재기(才器)가 어려운 상황을 만나 크게 쓰이지 못했으니, 이것이 한스러운 일이다. 그러나 쓰이고 쓰이지 못함은 운명일러니, 이것을 어찌 공(公)이 근심할 것이겠는가.

아, 공(公)이 평생 저술한 문장 및 시행한 사업들이 아마도 썩지 않고 많이 남아있었을 것이나 화재를 자주 겪어 남아 있는 것이 얼마 없는데다, 지금 잔약한 후손들이 성의가 부족하고 힘이 딸려 또한 선조의 자취를 드러내어 밝히지 못한 채로 오히려 이처럼 민몰될 지경이니 애통함을 이길 수 있겠는가. 이에 감히 상자 속에 있던 어지러운 초고와 동시대에 종유(從遊)했던 제현(諸賢)의 글을 취하여 1권의 책으로 모았으며, 이윽고 또 발자취의 전말 1통을 간략하게나마 꾸몄으니, 이 시대의 입언(立言)하는 군자에게 나아가 질정을 바라노라.

> 1758년 음력 정월 상순
> 6세손 향구가 피눈물로 삼가 적는다.
> [청허재선생문집·부록]

家狀

先生諱曄, 字文伯, 號淸虛, 孫氏月城人, 系出新羅大樹部[1]。

---

1 大樹部(대수부): 신라의 六村 가운데 하나. 閼川의 楊山村, 突山의 高墟村, 觜山의 珍支村, 茂山의 大樹村, 金山의 加利村, 明活山의 高耶村이다.

新羅有六部長而各賜姓, 孫氏卽其一也。鼻祖諱順, 有孝行, 載
羅史。自羅居麗, 世著簪纓, 入本朝, 諱玄儉, 嘉靖大夫檢校中樞
院副使, 諱登, 承議郎司憲府監察, 贈戶曹參議, 諱士晟², 兵曹參
議, 封雞城君, 寔公五世祖也。高祖諱昭³, 嘉善大夫吏曹參判,
精忠出氣敵愾功臣, 封雞川君, 諡襄敏。曾祖諱仲暾⁴ 資憲大夫
議政府右參贊, 封月城君, 諡景節, 號愚齋。祖諱曔⁵, 早卒。考
諱光曔⁶, 成均進士, 號雪厓, 妣長水黃氏, 別提季沃之女。嘉靖⁷
甲辰, 十二月十四日, 公生于良佐里第。自幼天資卓異, 性孝友,
文詞贍敏。明朝戊午, 以東都人才之盛, 特命題新羅玉笛, 而遣
京官, 試諸生。時公年甫十五, 考官⁸見公詩, 甚奇之, 擢置高等,

---

2 士晟(사성): 孫士晟(1396~1477).

3 昭(소): 孫昭(1433~1484). 본관은 慶州, 자는 日章, 시호는 襄敏. 1459년 金宗
   直과 함께 문과에 급제 主簿와 兵曹佐郎을 역임하고, 1467년 李施愛의 난에
   종사관으로 출정해 敵愾功臣이 되었다. 안동 부사·진주 목사·吏曹參判 등을
   역임했다. 鷄川君에 봉해졌다.

4 仲暾(중돈): 孫仲暾(1463~1529). 본관은 慶州, 자는 泰發, 호는 愚齋, 시호는
   景節. 점필재 김종직 문하에서 학문을 연마하였다. 1489년 식년문과에 급제하
   여 藝文館 奉敎를 시작으로 淸宦職과 양산 군수 및 司僕寺正에 올라 1497년
   諫官들이 거의 다 쫓겨날 때 파직당했으나 中宗反正 후에 복직 尙州牧使로 부
   임하여 善政을 베풀었다. 1517년 聖節使로 明나라에 다녀왔으며 공조판서·이
   조판서, 世子賓客을 지내고 都承旨 3번, 大司諫 4번, 慶尙·全羅·忠淸·咸鏡
   道의 관찰사를 거쳐 右參贊에 이르렀다.

5 曔(경): 孫曔(1492~1529). 본관은 慶州, 자는 晦如. 孫仲暾의 장남이다. 顯信
   校尉, 尙衣院別坐를 지냈다.

6 光曔(광호): 孫光曔(1520~?). 본관은 慶州, 자는 熙遠, 호는 雪厓.

7 嘉靖(가정): 중국 명나라의 제11대 嘉靖帝 때의 연호(1522~1566).

8 考官(고관): 조선 시대에 講經科와 武科를 관장한 試驗官.

由是知名當世。戊辰中司馬, 屢登鄕擧, 不中。旣而[9]歎曰: "吾好
古而俗尙[10]已不古, 不中命也, 吾何苟? 於是, 遂不赴擧, 益勵志
于性理之學。與曹芝山(好益)·李龜巖(楨)·具栢潭(鳳齡)·趙月
川(穆)·李東巖(詠道)·崔訒齋(晛)·趙黔澗(靖)·林慵齋·申梧峯
(之悌)·琴惺齋(蘭秀)·琴日休(應夾)·琴勉進(應壎), 爲道義之交。
宣廟壬辰, 倭寇來侵, 公徑造集慶殿, 奉康獻大王晬容, 移安于禮安
李東巖書堂, 又奉五聖十哲·十二賢位版于金谷寺。挈家入竹長山
中。府伯尹公(仁涵), 素與公善, 自誓必死于賊, 遂託公以家屬。
公分宅而處之, 謂尹公曰: "吾以世祿之家, 休戚[11]義當共之, 而親
老弟亡, 勢難遠離, 奈何?" 尹公壯其意, 以公爲本州帶率, 又爲監
營鍊兵將, 與尹公冒死禦賊, 州民賴以得全。是年冬除集慶殿參
奉, 盖嘉其扈聖衛師也。尋與郭忘憂堂[12](再祐)·柳西厓[13](成龍)·

---

9 旣而(기이): 얼마 뒤에. 조금 뒤에.

10 俗尙(속상): 세속적인 嗜好.

11 休戚(휴척): 기뻐하기도 하고 슬퍼하기도 하는 일.

12 忘憂堂(망우당): 郭再祐(1552~1617)의 호. 본관은 玄風, 자는 季綏. 1585년
   정시문과에 급제했지만 왕의 뜻에 거슬린 구절 때문에 罷榜되었다. 1592년 임진
   왜란 때 의병을 일으켜 天降紅衣將軍이라 불리며 거듭 왜적을 무찔렀다. 정유
   재란 때 慶尙左道防禦使로 火旺山城을 지켰다.

13 西厓(서애): 柳成龍(1542~1607)의 호. 본관은 豊山, 자는 而見. 1592년 임진왜
   란이 일어나자 병조판서로서 도체찰사를 겸하여 軍務를 총괄하였다. 이어 영의
   정에 올라 왕을 扈從하여 평양에 이르러 나라를 그르쳤다는 반대파의 탄핵을
   받고 면직되었다. 의주에 이르러 평안도 도체찰사가 되었고, 이듬해 명나라 장
   수 李如松과 함께 평양성을 수복한 뒤 충청도·경상도·전라도 3도의 도체찰사
   가 되어 파주까지 진격하였다. 이해 다시 영의정에 올라 4도의 도체찰사를 겸해
   군사를 총지휘했으며, 이여송이 碧蹄館에서 대패해 西路로 퇴각하는 것을 극구

鄭愚伏[14](經世), 會盟于火旺山城[15], 爲權白雲(應銖), 屢助兵粮。

及尹公內召, 朴武毅(毅長), 繼知州事, 公以本職, 又居其幕府。

時我軍爲天兵, 先登斬獲甚衆, 我軍亦多沒於賊, 公爲文以祭之。

時天將留陣安康, 而先庄竹木, 多被侵伐, 公書以勗之, 其弊少

戢。未幾, 丁雪厓公憂, 哀毁盡禮, 廬墓終三年, 服闋。海寇亦

退。除靖陵參奉, 遂不起, 築[16]亭于雪川之上, 雪川[17]者, 東都山

만류했으나 뜻을 이루지 못하였다. 1594년 훈련도감이 설치되자 提調가 되어 《紀效新書》(중국 명나라 장수 척계광이 왜구를 소탕하기 위하여 지은 병서)를 講解하였다. 또한 호서의 寺社位田을 훈련도감에 소속시켜 군량미를 보충하고 鳥嶺에 官屯田 설치를 요청하는 등 명나라 및 일본과 화의가 진행되는 동안에도 군비를 보완하기 위해 계속 노력하였다. 1598년 명나라 經略 丁應泰가 조선이 일본과 연합하여 명나라를 공격하려 한다고 본국에 무고한 사건이 일어나자, 사건의 진상을 알리러 가지 않는다는 북인들의 탄핵을 받아 삭탈관직 되었다가 1600년 복관되었으나 다시 벼슬길에 나아가지 않고 은거하였다.

14 愚伏(우복): 鄭經世(1563~1633)의 호. 본관은 晉州, 자는 景任. 1596년 이조좌 랑에 시강원문학을 겸했으며, 잠시 영남어사의 특명을 받아 禦倭鎭營의 각처를 순시하고 돌아와 홍문관교리에 경연시독관·춘추관기주관을 겸하였고, 이어서 이조정랑·시강원문학을 겸하였다. 이조정랑에 있을 때에는 인사 행정이 공정하 여 賢邪를 엄선해서 임용·퇴출했으며, 특정인에게 경중을 둔 일이 없었다. 1598 년 2월 승정원우승지, 3월에 승정원좌승지로 승진되었고, 4월에는 경상감사로 나갔다. 이때 영남 일대가 임진왜란의 여독으로 民力이 고갈되고 인심이 각박해 진 것을 잘 다스려, 도민을 너그럽게 무마하면서 양곡을 적기에 잘 공급해 주고, 백성들의 풍습 교화에 힘써 도내가 점차로 안정을 찾게 되었다.

15 火旺山城(화왕산성): 경상남도 창녕군 창녕읍 옥천리에 있는 산성. 군사상의 요 충지이므로 임진왜란 때인 1596년 체찰사 李元翼이 수축하고, 이듬해에는 의병 장 郭再祐가 이 성을 지키며 내성을 쌓고 이곳을 본거지로 하여 영남일대에서 눈부신 전공을 세우게 되었다고 한다.

16 築(축): 開築 또는 始築이라기보다 修築으로 보아야 할 듯.

17 雪川(설천): 경상북도 경주시 강동면 양동마을 서북쪽에 있는 개울. 지금의 安樂

水之會也。水石雲烟, 爲一州之勝, 故扁以水雲, 蓋水淸雲虛, 所以自況[18]也。而淸虛之揭號, 亦以此也。名二石臺, 能愼乎不睹不聞[19]而有曰戒懼, 憂君於江湖之遠[20]而有曰望美。一室淸幽, 蒔花種竹, 頗著文章以見志, 優遊自適, 以終老焉。有遺集若干篇, 在巾衍。萬曆庚子十二月十四日考終, 辛丑正月, 葬于安康縣根谷里負亥之原。配夏城曺氏, 贈戶曹參議忠愷女無育。配神光陳氏奉扈女, 生二子, 壽元·壽溫。壽元一男敏政, 敏政二男, 汝璟·汝珣。是厚·是海, 汝璟子也, 是孝, 汝珣子也。於戲, 公以不世之才, 生長於愚晦拔彙之地, 其心法之傳授, 風韻之觀感, 蓋亦有素。而所與交遊, 又皆當世仁賢忠義之士也。是以見義早而學問博, 信道篤而志節固, 歡戚夷險, 未足以動其中。年甫成童, 名動京師, 以公名家閥閱, 取靑紫如拾地芥[21], 而世與我違, 則寧老死

川으로 형산강과 합류한다. 손엽의 부친인 손광호의 묘표를 지은 정중기는 설천이 서쪽으로 양동마을을 휘감아 도는 강이었기 때문에 '西溪'라 칭한 것으로 보인다.

18 自況(자황): 남을 자기와 비교함.

19 不睹不聞(부도불문): 《中庸》 제1장의 "군자는 보이지 않는 곳에서도 경계하고 삼가며, 들리지 않는 곳에서도 두려워하고 조심한다.(君子戒愼乎其所不睹, 恐懼乎其所不聞.)"에서 나온 말.

20 憂君於江湖之遠(우군어강호지원): 宋나라 范仲淹의 〈岳陽樓記〉에 "조정의 높은 지위에 있으면 백성들을 걱정하고, 물러나 멀리 강호에 거처하게 되면 임금을 걱정했다. 그러니 조정에 나아가서도 걱정이요, 물러나서도 걱정이었으니, 어느 때에나 즐거울 수가 있었겠는가?(居廟堂之高則憂其民, 處江湖之遠則憂其君. 是進亦憂, 退亦憂, 然則何時而樂耶?)"라고 한 데서 활용한 말.

21 取靑紫如拾地芥(취청자여습지개): 《漢書》 권75 〈夏侯勝傳〉의 "경술이 진실로 밝기만 하면 고관대작 취하는 것은 마치 엎드려서 땅의 티끌을 줍는 것과 같은

巖穴, 而不易其所守。又如島夷猖獗之始, 遺棄君親者陸陸[22], 而
公陪先聖以避腥氛[23], 扈睟容以安靖地, 無事於職而與謀於國[24]。
仗義[25]於外而不遺其親, 四歲倡盟, 竟全父母之鄕。百里轉饋, 以
振義旅之威。弔義魄則神人感格, 禁橫暴則天將愒服。迨夫盧墓
三霜, 血淚纔晞, 而搶攘八載, 國恥亦雪, 則以若經綸才器, 遇盤
錯[26]而不得大試, 是可恨也。然得之不得, 命也, 是豈公所恤者
哉? 嗚呼! 公平生所著文章及施之事爲者, 蓋多有不朽者, 累經回
祿[27], 餘存無幾, 眇玆孱孫, 誠淺力綿, 又未得闡明先蹟, 而尙此
泯泯, 可勝慟哉! 玆敢探取篋中亂藁與夫同時從遊諸賢之文字,
集爲一冊, 旣又略掇履歷顚末一通, 就質于當世立言之君子云。

　　　　崇禎三戊寅(1758) 孟春上澣 六世孫嚮九[28]泣血謹識

　　　　　　　　　　　　　　　　　　[淸虛齋先生文集·附錄]

것이다.(經術苟明, 其取靑紫如俛拾地芥耳。)"라고 한 데서 나온 말.

22　陸陸(육륙): 견문이 좁음.

23　腥氛(성분): 비린내. 여기서는 전란을 의미한다.

24　無事於職而與謀於國(무사어직이여모어국): 〈劉統軍碑〉에서 韓愈가 한 말.
　　곧, "대개 옛사람들이 말하기를, '사람은 나라 걱정을 직분으로 삼아야 한다.'고
　　하니, 직분에 맡은 일이 없는데도 나랏일에 참여하기를 도모하였다.(蓋古有云:
　　'人職其憂.' 無事於職, 而與國謀.)"라고 하였다.

25　仗義(장의): 의기를 중히 여김.

26　盤錯(반착): 매우 처리하기 어려운 사건.

27　回祿(회록): 火神. 화재를 비유함.

28　嚮九(향구): 孫嚮九(1695~1755). 본관은 慶州, 자는 弼甫. 淸虛齋先祖家狀을
　　지었다. 아버지는 孫命相, 어머니는 平山申氏 申中泰 딸이고, 부인은 月城金氏
　　金光沃의 딸이다.

첨지중추부사 월성손공 묘표

정중기(1685~1757)

공(公)의 이름은 광호(光暭), 자는 희원(熙遠)이다. 그의 선조는 신라 대수부(大樹部)로 후세에 효자 순(順)이 있었다. 조선조에 들어와서 더욱 귀하게 현달하였는데, 이름 소(昭)는 적개공신(敵愾功臣)에 책록되고 계천군(雞川君)에 봉해지고 시호가 양민(襄敏)이었으며, 이름 중돈(仲暾)을 낳으니 후한 덕과 맑은 지조가 있었고 벼슬이 이조판서에 이르렀고 봉호와 작록을 세습하였고 시호가 경절(景節)이었으니 바로 공(公: 손광호)의 조부이었다. 아버지인 이름 경(暻)은 현신교위(顯信校尉)이었으며, 어머니는 신천 강씨(信川康氏)로 진사 강사연(康士淵)의 딸이다.

가정(嘉靖) 초에 양좌동(良佐洞: 양동마을)에서 태어났다. 타고난 재주가 남들보다 뛰어났으며, 문장이 아름답고 성대하였다. 또 문헌가(文獻家)의 법도에 젖어 식견이 날로 넓어졌는데, 할머니인 최부인(崔夫人)이 그릇으로 여기며 말하기를, "조상이 남겨 놓은 사업을 이을 사람은 반드시 이 아이일러라."라고 하면서 마침내 도성의 집을 그에게 주었으니, 아마도 경절공(景節公: 손중돈)이 남긴 뜻이었을 것이다.

무오년(1558) 진사에 합격하였으니 이로부터 명성이 더욱 창달하였으나, 여러 차례 문과에 떨어지고 끝내 실의에 빠져 때를 만나지 못하자 사람들이 모두 애석하게 여겼다. 그러나 공(公)은 이를 개의 치 않았고, 마침내 과거장에 가는 것을 그만두고 서계(西溪) 가에 정자를 짓고서 수운(水雲)이라는 현판을 달아 날마다 그 사이에서 시가를 읊조리며 유유자적하였다. 만년에 수직(壽職)으로서 통정대 부(通政大夫)에 제수되니, 향리(鄕里)와 이웃에서 달존(達尊: 세상에서 존경할 만한 사람)으로 추앙하였고 마치 신선인 것처럼 바라보았다.

부인은 덕산 황씨(德山黃氏)로 별제(別提) 황이옥(黃李沃: 황계옥의 이명)의 딸이고 참판(參判) 황필(黃瑾)의 손녀이다. 2남 4녀를 두었 으니, 장남은 엽(曄)으로 참봉(參奉)이었고 시문과 서화에 모두 뛰어 났다고 일컬어졌으며, 차남은 질(晊)이고, 장녀는 진사(進士) 안윤신 (安潤身)에게, 차녀는 박경로(朴敬老)에게, 삼녀는 현감(縣監) 권사 악(權士諤)에게, 사녀는 신협(辛協)에게 시집갔다. 손엽은 후사가 없 었고 단지 서출만 있었으며, 손질은 외아들 종덕(宗德)이 있다. 증손 과 현손 이하는 심히 번성하여 다 기록하지 않는다.

묘는 흥해군(興海郡) 달전리(達田里) 도음산(禱陰山)의 해좌(亥坐) 를 등진 언덕에 있는데, 곧 경절공(景節公: 손중돈)의 묘소 오른쪽 기슭이다. 부인 황씨의 묘는 같은 언덕의 묘향(卯向)에 있는데, 곧 교위공(校尉公: 손경)의 묘소 아래이다. 두 묘소는 서로의 거리가 100여 걸음 떨어져 있는데, 지금 후손들이 바야흐로 묘갈(墓碣)을 세우려고 하였으나 행적이 실수로 불타서 지극히 애통해하였다.

그러나 말하자면 "자유(子游)는 두 가지 작은 일로도 담대멸명(澹 臺滅明)의 어짊을 알았다."라고 하니, 어찌 글이 많아야만 하겠는가. 공(公)과 같은 큰 재목과 뛰어난 국량은 마땅히 펼쳐야 했으나 펼치지 못했으니 슬픈 일이다. 욕심 없이 느긋하게 산수를 스스로 즐기다가 여생을 마쳤으니, 그 심경이 어떠하였겠는가? 이야말로 그가 경절공(景節公: 손중돈)의 후손 됨이로다. 이로써 명(銘)을 짓노라.

[매산선생문집 권11, 묘갈명]

僉知中樞府事月城孫公墓表

鄭重器[1]

公諱光晅, 字熙遠。其先羅大樹部也, 後世有孝子順。入我朝益貴顯, 有諱昭, 錄敵愾勳, 封雞川君, 諡襄敏, 生諱仲暾, 有厚德淸操, 仕至吏曹判書, 襲封爵, 諡景節, 卽公之祖也。考諱暶, 顯信校尉, 妣信川康氏, 進士士淵[2]之女。嘉靖初[3], 生良佐洞。才分[4]超卓, 詞翰彬蔚[5]。且染文獻家餘範[6], 見識日博, 祖母崔夫人,

---

1 鄭重器(정중기, 1685~1757): 본관은 迎日, 자는 道翁, 호는 梅山. 鄭好禮의 증손으로, 할아버지는 鄭時諶, 아버지는 鄭碩達, 어머니는 權墪의 딸이다. 1727년 생원으로 증광문과에 급제하였다. 1731년 승정원주서가 되고, 이어 結城縣監으로 나가 吏道를 바로잡았다. 사간원정언을 거쳐 1753년 사헌부지평이 되고, 뒤에 형조참의에 이르렀다. 李麟佐의 난 이후 조정에서 영남인사를 정권에서 소외시키자 연명상소를 하여 그 시정을 진정한 바 있다.

2 士淵(사연): 康士淵(생몰년 미상): 본관은 信川, 자는 希顔. 거주지는 義興. 1496년 식년시에 급제하였다.

3 嘉靖初(가정초): 嘉靖은 중국 명나라의 제11대 황제인 가정제의 연호(1522~1566). 1520년생으로 알려진 것과는 어긋난다.

4 才分(재분): 타고난 재능.

5 彬蔚(빈울): 글이 정연하여 아름답고 성함.

6 餘範(여범): 遺風餘範. 남은 규범. 고인의 풍모를 이른다.

器之曰: "踵先業者, 必此兒也." 遂以京第付之, 蓋景節公遺意
也。戊午中進士, 自是華聞益暢, 而累屈公車[7], 竟落魄[8]不遇, 人
皆惜之。然公不以是介懷, 遂謝擧場, 築亭于西溪之上, 扁以水
雲, 日嘯詠其間, 以自適。晚以大耋[9], 授通政, 鄕鄰推達尊, 望之
若神仙焉。配德山黃氏, 別提李沃[10]之女, 參判瑾[11]之孫。有二男
四女, 長曰曄參奉, 文墨稱二絶, 次曰晊, 女適安潤身進士, 次朴
敬老, 次權士諤[12]縣監, 次辛協。曄無嗣, 只有庶出, 晊生一男宗

---

7 公車(공거): 중앙에서 치르는 과거시험에 응시하는 것을 뜻하는 말. 漢나라 때
  지방 사람으로 과거시험에 응시하는 자를 公家의 수레에 태워서 도성으로 보낸
  데서 나온 말이다.
8 落魄(낙백): 뜻을 얻지 못하고 실의에 빠져 있는 것을 비유한 말.
9 大耋(대질): 70세 또는 80세의 나이를 일컫는 말.
10 李沃(이옥): 黃季沃(생몰년 미상)의 異名. 본관은 德山, 자는 沃若. 1513년 식
  년시에 급제하였다. 처음에는 조광조를 변호하다가 뒤에는 南袞과 沈貞 세력에
  가담해 오히려 조광조를 죽이라는 상소를 올렸다. 이런 자신의 행실 때문이진
  본래 이름 황계옥에서 바꾼 이름이다. 명분과 의리보다는 자신의 이익을 더 중요
  하게 생각했기 때문일 것으로 추측하고 있다. 이에 아들 黃耆老는 면목없다며
  벼슬을 포기하고 草書에 몰두하였다.
11 瑾(근): 黃瑾(1464~1526). 본관은 德山, 자는 獻之, 호는 橡亭. 1486년 약관의
  나이로 생진과에 합격하였고, 1492년 별시문과에 급제하여 저작으로 기용되었
  다. 이어 전적·감찰 등을 거쳐, 1497년 의정부 사록·정언·교리 등을 지냈다.
  연산군의 난정이 심하여 나라가 어지러워지자 벼슬을 버리고 낙향하였다. 1524
  년 경주부윤에 임명되어 부임하였다가 임지에서 죽었다.
12 權士諤(권사악, 1556~1612): 본관은 安東, 자는 明彦, 호는 梅窩. 1592년 임진
  왜란 때 의병을 일으켜 孫時, 崔震立 등과 함께 의병장 權應銖의 휘하에서 永川
  城을 탈환하는 데 공을 세웠다. 난이 평정된 후 사천 현감과 형조 정랑을 지냈으
  며 1605년 선무원종공신에 녹훈되었다. 1609년 울진 현령 겸 강릉진 병마절제도
  위에 제수되었으나 나아가지 않고 낙향하여 유유자적한 말년을 보냈다.

德。曾玄以下甚蕃, 不盡記。墓在興海郡達田里禱陰山負亥之原,
卽景節公墓右麓也。黃氏墓在同原向卯, 卽校尉公墓下也。兩塋
相距百餘步, 今諸孫方治碣, 以行蹟失火, 爲至痛。然言:"游以
二微事而知澹臺之賢[13]." 奚多爲? 如公宏材偉器, 宜施而不得施,
戚矣。恬然[14]以山水自娛, 以沒齒[15], 其意象何如哉? 斯其爲景節
公之後乎。是爲銘。

[梅山先生文集 卷11, 墓碣銘]

---

13 以二微事而知澹臺之賢(이이미사이지담대지현):《論語》〈雍也篇〉에서 孔子가
   子游에게 사람을 얻었느냐고 묻자, 자유가 대답하기를, "澹臺滅明이라는 자가
   있는데, 다닐 때 샛길로 다니지 않고, 公事가 아니면 저의 집에 온 적이 없습니
   다."라고 하였다. 이에 楊氏가 "멸명과 같은 사람은 이 두 가지 작은 일로 보아도
   그 정대한 실정을 알 수 있다.(如滅明者, 其二事之小, 而其正大之情, 可見
   矣。)"라고 註를 단 데서 나온 말이다. 澹臺는 澹臺滅明으로 공자의 제자이다.
   춘추시대 말기 노나라 인물이다.

14 恬然(염연): 욕심이 없이 마음이 흔들리지 아니하게.

15 沒齒(몰치): 壽命. 나이가 다해 죽음. 연령이 다하여 죽음.

수운정 중수기

김위(1795~1861)

옛날 정부자(程夫子: 明道 程顥)가 안락정(顏樂亭)의 명(銘)에 이르기를, "우물을 차마 버려둘 수 없으며 땅을 차마 황폐하게 내버려 둘 수 없네."라고 하였다. 아, 어진 이를 숭상하고 학문을 사모하는 정성은 이처럼 부지런하고 진중해야 한다. 더구나 후손들이 조상을 위하여 아름다움을 후세에 오래도록 전하려는 지경임에랴.

영남(嶺南) 월성(月城: 경주)의 손상효(孫相孝) 군이 찾아와서 아뢰기를, "생(生)의 선조(先祖)인 청허공(淸虛公: 손엽)은 성주산(聖住山: 양동마을의 앞산) 아래의 설천(雪川) 가에 작은 정자 하나를 짓고는 '수운(水雲)'이라 편액(扁額)하였는데, 물이 맑고 구름이 떠 있는 것[水淸而雲虛]에서 취한 것으로 인하여 자신의 호(號)로도 삼았습니다. 이 정자는 두 차례나 병화를 겪어서 단지 빈터만 남아 거의 몇백 년을 지나오는 사이에 그저 물이 흐르고 구름이 하늘에 떠돌기만 했을 뿐인데, 지난 을묘년(1795) 여러 후손이 자재(資財)를 모으는 데에 힘을 합쳤습니다. 그 정자를 고쳐 짓는 것을 계기로 하여 당(堂)과 실(室)은 모두 8칸이고, 안으로는 도서를 쌓고 밖에는 꽃과 나무를 심었습니다. 이곳에 올라 구경하거나 이곳에 지내게 되면, 매우 사모하고 기리는 마음이 생깁니다."라고 하였다.

또 책 1권을 올리며 말하기를, "이것은 청허유고(淸虛遺稿)입니

다. 선조께서 덕도 있고 행의(行誼)도 있었으나, 지위도 얻지 못한
데다 오래 살지도 못하여 세상에 아는 자가 없습니다. 수운의 뛰어
난 경치는 동도(東都: 경주)에서 으뜸이나 또한 사람을 따라 감추어
졌습니다. 단지 선조의 명망과 절개, 정자의 맑고 고운 뛰어난 절경
이 유고(遺稿) 및 선배들의 시문에만 대략 갖추어져 있습니다. 이것
으로도 대강 알 수 있어서 믿을 만하니, 바라옵건대 한마디의 말씀
을 내려주시면 본말을 기록하여 길이 전해지도록 도모하겠습니다."
라고 하였다. 나는 "좋다."라고 하고 이내 글을 펼쳐 음미하였다.

청허자(淸虛子)는 진정한 어진 군자로 불을 때서 밥을 지어 먹는
사람이 아니었다. 그의 화류구(花柳句: 訪花隨柳過前川), 매죽론(梅竹
論), 건곤편(乾坤篇: 一身還有一乾坤), 조담경(照膽鏡) 같은 것은 마치
기절(氣節)의 탁월함과 지조(志操)의 고상함이 아니겠는가. 그의 말
씀은 아름답고 훌륭하니, 어찌 이렇게도 세속을 벗어나 자연의 참
됨을 지닌 듯하단 말인가.

정자의 경치는 비록 눈으로 보지는 못했을지라도 이것으로 고찰
해보면, 우뚝 솟은 낙산(樂山: 洛山인 듯)·옥봉(玉峯)·학수(鶴峀)·어
장(魚嶂)과 같은 산등성이는 이어진 것이 물결치듯 하고 돌출한 것
이 뾰족한 붓끝 같았으며, 소나무와 삼나무, 단풍과 국화가 그윽하
게 무성하여 몇 겹을 둘렀으니 수묵화의 가리개 같았다. 흐르는 연
지(蓮池)·설천(雪川)·금호(琴湖)·광주(廣洲)의 물줄기는 거슬러 올
라갈 수도 있고 헤엄칠 수도 있었는데, 물고기라도 잡으면 은빛 비
늘의 물고기가 뛰어오르고 달이라도 구경하면 달이 금덩이처럼 솟
아올랐다. 상하로 난 수십 리의 길은 뱀이 똬리 튼 듯 구불구불하였

으니, 천 자[千尺]나 되는 옥빛 무지개가 은하계에 누워 있는 듯하였
다. 곁에는 또 도덕봉(道德峯)·화개봉(華盖峯)이 있었으니, 문원공
(文元公: 회재 이언적)이 유식(遊息: 학문을 할 때 공부에 힘쓰기도 하고
유유자적하며 쉬기도 하는 것)하고 서양(棲養: 은거하며 수양하는 것)하던
곳이다.

아, 손씨는 수십 세대에 걸쳐 종종 대인의 걸출한 선비가 많았으
니, 한 골짜기에서 서로 전하는 선조의 아름다움이 오래되고 멀어
졌어도 차마 잊을 수가 없는데, 정자가 황폐한 것은 차마 볼 수가
없었다. 정성을 다해 수리하여 예전처럼 새로워졌는데, 사람이 걸
출함은 땅이 신령스럽기 때문이라 하였으니 진정 거짓이 아니로다.
손씨의 자손들은 이로부터 몇십 세대가 흘러가도 오늘의 마음을 제
마음으로 삼아 더럽히지 말고 실추시키지 않으면, 어찌 단지 정자
하나만 지은 것으로 가도(家道)가 풍성하고 빛나기를 바라겠는가.
또한 한 가문을 위하여서도 오직 손군(孫君)은 힘쓰기를 바라노라.

정헌대부 예조판서 겸 지경연춘추관 의금부사
동지성균관사 오위도총부도총관 연안 김위 삼가 적다.

水雲亭重修記

金鏵

昔程夫子, 銘顔樂亭[1]曰: "水不忍廢, 地不忍荒." 嗚呼! 崇賢慕學

---

1 顔樂亭(안락정): 중국 山東省 曲阜縣에 있는 정자. 북송 대 膠西太守로 부임한
  孔周翰이 顔回의 사당 앞에 예부터 버려져 있던 우물을 정비하고 그 옆에 정자

之誠, 若是其勤且重. 矧乎後仍²之爲祖先傳美壽後之地乎? 嶺之
南月城, 孫君相孝³, 來謁曰: "生之先祖淸虛公, 搆一小亭於聖住
山⁴下雪川之上, 扁曰水雲, 取其水淸而雲虛, 因以自號焉. 斯亭
也, 再經兵燹, 只有遺墟, 由來幾百年之間, 漠然水流而雲空, 越在
乙卯, 諸孫並力鳩財. 因其重建, 堂室⁵凡八間, 內儲圖書, 外栽花
木. 登覽於斯, 興居於斯, 用寓羹墻之慕⁶." 且進一冊, 曰: "此淸虛
遺稿. 先祖有德有行, 而不得位不得壽, 世無知者. 水雲之勝, 冠
於東都, 亦隨人而晦. 但先祖之名節志槩, 亭之淸麗奇絶, 略具於
遺稿及前輩詩文. 玆可以領略而徵信, 願賜一言, 記顚末, 以圖不
朽焉." 余曰: "善." 乃披翫焉. 淸虛子, 眞賢君子, 非煙火食人. 其
若花柳句·梅竹論·乾坤篇·照膽鏡, 如非氣節之卓犖, 志操之淸
高? 其出言爲章⁷, 豈如是拔俗葆眞也? 亭之景光, 雖未得目擊, 考

를 짓고는 '顔樂'이라고 현판을 건 것에서 유래하였다. 이 정자에 蘇軾이 기문을
짓고, 程顥가 銘을 지었는데 모두 안회의 안빈낙도하는 삶을 흠모하고 자신을
경계하는 내용으로 되어 있다.

2 後仍(후잉): 여러 대가 지난 뒤의 자손.

3 孫君相孝(손군상효): 孫相孝(1816~1874). 본관은 慶州, 자는 彝則.

4 聖住山(성주산): 경상북도 경주시 강동면 양동마을에 있는 앞산의 이름. 뒷산의
이름이 설창산이다.

5 堂室(당실): 한 울타리 안의 여러 채의 집과 방.

6 羹墻之慕(갱장지모): 죽은 사람을 사모하고 그리워하는 마음. 堯임금이 죽은
뒤에 舜임금이 3년 동안이나 그를 仰慕하여, 앉아서는 요임금을 담장[墻]에서
보고, 밥을 먹을 때면 요 금을 국[羹]에서 보았다고 한 데서 온 말이다.

7 出言爲章(출언위장): 나오는 말마다 문채가 있다는 뜻으로, 하는 말이 아름답고
훌륭함을 이르는 말.

之於此, 峙之爲樂山[8]·玉峯[9]·鶴岫[10]·魚嶂[11], 或奔而如浪湧, 或突
而如筆尖。松杉楓菊, 窈窱蕭森[12], 繞而幾疊, 水墨障子。流之爲
蓮池[13]·雪川·琴湖[14]·廣洲[15], 可溯洄, 可游泳, 可釣魚, 魚躍銀, 可
賞月, 月湧金。上下數十里, 逶迤蜿蜒, 如千尺玉虹, 偃臥銀河
界。傍且道德[16]·華盖[17]之峯, 其文元公 遊息棲養之所也。噫! 孫
氏之幾十世, 往往多碩人傑士, 一堅相傳 先美久遠, 則不忍忘焉,
亭榭荒廢, 則不忍視焉。竭誠修茸, 其新如舊, 人傑地靈[18], 儘非

---

8 樂山(낙산): 수운정 앞의 산인 洛山인 듯.
9 玉峯(옥봉): 紫玉山인 듯. 경상북도 경주시 강동면 양좌리에서 서쪽으로 15리
　되는 곳에 있는 산.
10 鶴岫(학수): 舞鶴峯인 듯. 경상북도 포항시 북구 기계면 학야리에 있는 산.
11 魚嶂(어장): 魚來山인 듯. 경상북도 경주시 강동면 옥산리에 있는 산. 나중에는
　御來山이라 하였다.
12 蕭森(소림): 초목이 무성하게 우거진 모양.
13 蓮池(연지): 경상북도 경주시 강동면 유금리에 있는 내. 연정파 손씨가 거주하였다.
14 琴湖(금호): 경상북도 경주시 강동면 오금리 앞에 흐르는 형산강.
15 廣洲(광주): 廣濟院이 있는 광나루 물가임. 황성동에서 현곡면 나원 쪽으로 형
　산강을 건너는 나루터다. 옛날 경주에서 안강으로 갈 때 광나루에서 형산강을
　건넜다.
16 道德(도덕): 道德山. 경상북도 경주시 강동면과 영천시 고경면의 경계를 이루는
　산. 산맥이 馬北山에서 雲注山에 이어졌으며, 산중턱에 도덕암이 있고, 산밑에
　는 玉山池가 있다.
17 華盖(화개): 華盖山. 경상북도 경주시 강동면 옥산리에 있는 魚來山의 서쪽에
　붙어 있는 산. 형상이 양산을 쓴 것 같다고 하는 산으로, 옥산서원의 뒤에 있다.
18 人傑地靈(인걸지령): 王勃의 〈滕王閣序〉에 "사람이 걸출함은 땅이 영수하기
　때문이니 서유가 진번의 걸상을 내려놓게 했다.(人傑地靈, 徐孺下陳蕃之榻.)"
　라고 한 데서 나온 말.

誣也。孫之子孫, 從玆往幾十世, 以今日心爲心, 毋忝而毋墜, 則
奚但爲一亭, 幸家道之肥而昌, 抑亦爲一門, 幸惟孫君勉之哉。

正憲大夫禮曹判書[19]

兼知經筵春秋館義禁府事同知成均館事五衛都摠府都摠管

延安金鍏[20]謹識

---

19 禮曹判書(예조판서): 金鍏가 예조판서에 재직한 것은 1853년 10월 10일부터
   사헌부 대사헌으로 같은 해 12월 29일 제수받기까지임. 따라서 이 중수기는
   1853년에 지은 것이다.

20 金鍏(김위, 1795~1861): 본관은 延安, 자는 景容. 1822년 식년시에 급제하였
   고, 예조판서를 지냈다.

수운정의 주인과 창건연대에 대하여

수운정에 대한 문화재청의 공식적인 설명은 이러하다. "양동마을은 월성 손씨와 여강 이씨의 동족마을로, 넓은 안강평야에 오랜 전통을 지닌 여러 집들을 잘 보존하고 있는 곳이다. 이 정자는 우재 손중돈 선생의 손자 청허재 손엽 선생이 세운 것으로 이름은 '수청운허(水清雲虛: 물과 같이 맑고 구름과 같이 허무하다)'의 뜻을 따서 붙였다고 한다. 조선 선조 15년(1582)경에 지은 건물로 임진왜란 때 태조 이성계의 영정을 이곳에 모셔 난을 피하였다고 전한다. 안강평야를 한눈에 바라볼 수 있는 곳에 자리잡고 있으며 사랑채(정자)와 행랑채로 구분되어 있다. 정자는 앞면 3칸·옆면 2칸 크기로 대청과 방으로 꾸몄고 앞쪽에 난간을 두른 툇마루를 설치하였다. 정자 뒷편으로 있는 행랑채는 마루방 1칸과 행랑방 1칸을 만들어 놓았다. 양동에 있는 여러 정자 중 자리가 좋고 경치가 가장 뛰어난 곳으로 평가받고 있다."

또 문화재청의 홈페이지에서 제공한 수운정 안내판의 설명은 이러하다. "수운정(水雲亭). 중요민속문화재 제80호. 이 정자는 청허재 손엽(清虛齋 孫曄, 1544~1600)이 선조 15년(1582)에 지었다. 그는 '물과 같이 맑고 구름과 같이 허무하다'는 뜻을 지닌 '수청운허(水清雲虛)'에서 '수'자와 '운'자를 따서 정자 이름을 짓고, 나머지 글자로

는 자신의 호로 삼았다. 임진왜란 때 경주부에 있던 태조 이성계의
초상화를 이곳으로 옮겨 소실될 뻔한 위기를 넘겼다고 한다. 마을
에서 떨어진 높은 봉우리에 홀로 서 있어 앞쪽의 넓은 안강평야와
형산강의 경치를 내려다 볼 수 있다."

이 두 설명문에서 오류는 차치하고 간취해야 하는 것은 수운정의
주인이 손엽이며, 창건연대가 1582년(경)이다.

그런데 매산(梅山) 정중기(鄭重器, 1685~1757)가 지은 설애[1](雪厓:
孫光晧, 1520~?)의 묘표(墓表)에 따르면, 손광호가 1558년 사마시(3
등35위)에 합격하여 진사가 된 후로 여러 차례 문과에 떨어지자 서계
(西溪) 가에 수운정을 짓고 유유자적하였다고 한다. 그리고 그의 아
들인 손엽의 《청허재선생문집》에 부록으로 실린 구봉령(具鳳齡,
1526~1586)의 〈수운정시(水雲亭詩)〉가 있는데, 구봉령의 《백담집(栢
潭集)》 권4에 실린 원제는 '증수운정주손진사(贈水雲亭主孫進士)'로
손진사 옆에 협주 '엽(燁)'이 있는바, 후대에서 이름자 '엽(曄)'의 착
종을 볼 수 있다. 청허재도 1568년 증광시(2등3위)에 합격하여 진사
가 되어 설애 부자 모두가 진사였지만, 설애는 문집을 남기지 않았
고 그의 아들 청허재는 문집을 남긴 데서 일어난 착종이 아닌가 한
다. 그러하지만 구봉령의 몰년을 고려하면 적어도 1586년 이전에

---

1 설애(雪厓): 孫光晧. 정중기의 묘표에 따르면 嘉靖 초에 태어났다고 되어 있는
   바, 嘉靖은 명나라의 제11대 황제인 가정제의 연호(1522~1566)이므로 생년은
   최대한 빨리 잡는다고 하더라도 1522년이라야 한다. 한편, 孫﨎九가 쓴 청허재
   家狀에 따르면 부친의 3년상을 치르고 나니 왜적이 물러갔다고 한바, 1594년에
   서 1595년 사이에 세상을 떠난 듯하다.

수운정이 창건된 것은 분명해 보인다. 설애공 후손가에 문의한 결과, 수운정의 창건연대가 1582년(경)인 것으로 볼 만한 문헌은 현전하지 않은 것 같다.

한편, 수운정의 주인이 청허재로 보게 된 연유가 무엇인지를 살펴볼 필요가 있다.

손향구(孫嚮九, 1695~1755)가 지은 〈가장(家狀)〉을 보면, 명나라 군사가 선대(先代)의 농장에서 대나무를 벌채해간 것에 대해 편지로 힘써서 그 작폐를 잠잠하게 했던 것으로 기록된바, 청허재의 〈용사일기〉 1593년 10월 25일의 내용과 부합한다. 〈용사일기〉는 1594년 3월 20일 이후의 기록들이 남아있지 않아 알 수 없지만, 〈가장〉에서는 청허재가 설애의 3년상을 치렀고 왜적도 철수한 뒤에 정릉 참봉(靖陵參奉)에 제수되었지만 나아가지 않고 설천(雪川) 가에 정자를 '축(築)'한 것으로 되어 있는바, 왜적이 철수한 1598년 11월 19일 이후의 일이 되는 셈이다. 만약 이때 수운정을 창건한 것으로 본다면, 구봉령의 시를 통해 수운정의 주인을 청허재로 보는 것이 착종되고 만다. 따라서 축(築)을 '시축(始築)' 또는 '개축(開築)'으로 보아서는 안 될 것이고, '수축(修築)'으로 보면 저간의 사정이 풀리게 된다. 곧 설애가 지은 수운정을 아들 청허재가 수축하며 자신의 호[自號]도 취하고서 두 개의 석대(石臺)의 이름도 '계구(戒懼)'와 '망미(望美)'를 붙인 것으로 보면 되지 않을까 한다.

서계(西溪)와 설천(雪川)이 같은 개울인지 아닌지도 문제일 수 있다. 그런데 설천은 경상북도 경주시 강동면 양동마을 서북쪽에 있는 개울로 지금의 안락천(安樂川)이다. 이 안락천은 형산강과 합류

하는데, 서쪽으로 양동마을을 휘감아 도는 강이다. 정중기는 이를
'서계'라 칭했던 것으로 짐작된다.

이 수운정을 또 1795년 중수하고서 손상효(孫相孝, 1816~1874)가
예조판서 김위(金鍏, 1795~1861)에게 〈수운정중수기(水雲亭重修記)〉
를 부탁하는 과정에서 정도 이상의 착종이 일어난 것으로 보인다.
손상효는 손향구의 셋째 동생인 손목구(孫睦九, 1703~1755)의 손자
이다. 그가 김위에게 청허유고(清虛遺稿)를 보이며 수운정의 주인이
청허재임을 단정적으로 언급하고 있기 때문이다.

그리고 부기할 것은 김위가 예조판서였던 때는 1853년이므로,
〈수운정중수기〉는 이때 지어진 것이다.

이러한 흐름을 살펴볼 수 있도록 관련 문헌들을 번역해 두었으니
읽어 보기 바란다.

백동서당 중건기

이만도(1842~1910)

　도산(陶山)의 동쪽에 백지산(柏枝山)이 있는데, 옛날에 관백(官柏)
이 있었으므로 산의 이름으로 삼은 것이다. 선조(先祖: 퇴계 이황)의
비위(妣位: 둘째 부인)인 안동 권씨(安東權氏)의 묘와 산성선조(山城先
祖: 이황)의 묘가 시내 하나를 사이에 두고서 마주하고 있다. 10대조
첨정부군(僉正府君: 퇴계의 장남 李寯)이 일찍이 이 산 아래에 백동서
당(柏洞書堂)을 지어서 제향을 올리고 독서를 하는 곳으로 삼았는
데, 그러한 사실은 첨정부군의 외손 경재(敬齋) 김시정(金是楨)의 시
와 서문에 상세히 갖추어져 있다.

　또 살펴보건대 지헌(芝軒) 정사성(鄭士誠)이 집경전 참봉(集慶殿參
奉)으로서 임진왜란을 당하여 본전(本殿)에 모셔진 수용(睟容: 태조
이성계의 어진)을 옮겨 이 서당에 봉안하였고, 북애(北厓) 김기(金圻)
와 손엽(孫曄)이 모두 번갈아 이곳에서 당직을 맡았다. 그리고 월천
(月川: 趙穆) 선생의 연보(年譜)에도 정유년(1597)에 어진을 공경하게
전송했던 절차가 분명하게 실려 있다. 기이하도다. 첨정부군이 일
찍이 통사랑(通仕郎) 집경전 참봉을 지냈었는데, 수용(睟容)이 잠시
일지라도 첨정부군의 서당에 봉안되었으니, 백세(百世)를 격했을망
정 임금과 신하의 만남은 은연중에 묵묵히 감응한 바가 있었던 것이
라 하지 않겠는가.

백동서당을 창건하고 폐한 것은 정확하게 어느 때인지 알 수 없다. 제향을 올렸다고 한 그것이 만약 비위(妣位: 퇴계의 둘째 부인) 묘에서 시작된 것이라면, 산성선조가 이때 외려 덕을 지녔었으니 유집(遺集)에 보여야 마땅하다. 이를테면 주자(朱子)가 당석산(唐石山)에 순녕암(順寧庵)을 지어 부인의 제사를 지냈던 사실처럼 지금 그러한 기록을 찾아볼 수가 없으니, 백동서당은 창건된 것이 신미년(1571) 산성선조의 예장(禮葬)한 이후인 것이 틀림없을 듯하다.

일세(一世: 아들 李寯)를 지나 이세(二世: 손자 李詠道)에 이르러 임진년의 대란을 겪고도 오히려 보전하여 지키고 폐하지 않았는데, 천하가 무사할 적에 폐한 것이 어찌 후손으로서 온당치 못한 바가 아니겠는가. 더구나 제향을 올리는 것은 곧 영령(英靈)이 돌아오기를 바라는 추모의 뜻을 펴는 것이고, 독서를 하는 것은 홀로 서 계시는 날에 부친의 가르침을 받아 시례(詩禮) 배우기를 독실하게 함에랴. 첨정부군의 유사(遺事) 가운데 이 한 단락이 빠진 것이 어찌 후손으로서 한스러운 바가 아니겠는가.

못난 나는 삼가 일찍이 이것을 한스럽게 여기고서 곧바로 산골짜기 속에 다시 서당을 세우고자 하였으나 옛터가 있던 자리를 알지 못하였다. 어떤 이가 말하기를, "백지산의 서쪽에 서당골이라 하는 곳이 있으니 바로 산후서당(山後書堂)의 옛터이고, 산후서당이 곧 백동서당이다."라고 하였다. 내 생각에는 옳지 않은 것이 있었다. '산후'라는 이름이 산성선조의 시어(詩語)에서 비롯되어 있지만, 그 서당이 만약 우리 가문에서 지은 것이라면 하필 '산후'라는 본명을 버리고서 달리 '백동'이라 칭했겠는가. 또 산후서당이 한쪽으로 치

우쳐 있어서 묘소로부터 먼 곳이니, 제향을 올렸다는 말에 심히 합당하지 않는다. 옛 사실에 밝은 노인에게 듣건대 산후서당이 기곡(基谷: 텃골)의 박씨(朴氏) 집안에서 세운 것인데, 박씨들이 떠나가면서 서당 또한 폐하였다고 한다. 비록 정말로 그러한지는 알 수 없겠지만, 만약 이로써 억지로 백동서당에 끌어다 붙인다면 아마 옳지 않을 듯하다.

백지산의 중간에 번덕(樊德) 골짜기라는 곳이 있는데, 터가 넓고 산세가 막혀 있으며 언덕이 펀펀하고 지대가 높으니, 경재(敬齋: 김시정)의 시에서 '누대가 청량산을 마주하였네.(樓對淸凉)'라고 한 구절과 대략 서로 방불하였다. 이 때문에 2칸의 집을 지었는데, 남쪽이 방(房)이고 북쪽이 당(堂)이며, 서쪽에는 감실(龕室)을 만들어 장차 고조(高祖)와 증조(曾祖)의 체천(遞遷)하는 신주(神主)를 봉안하려 하였고, 산의 남쪽에는 임시로 선비(先妣: 冶城宋氏)의 묘를 부장(祔葬)하였다.

서리와 눈이 내려 쌀쌀한 날씨에 산속에서 먹고 살며 실낱같은 목숨을 연명하는 내 모습을 돌아보니, 천지가 낳아 길러주는 은혜가 아닌 것이 없었다. 하찮은 나의 계책은 보답하지 못한 은혜를 보답하려는 데에 애초부터 마음을 두지 않은 적이 없었으니, 이로부터 세상사를 단념하고 그 출입을 끊으며 이른바 제향을 올리는 것과 독서를 하는 것에 나의 첨정부군을 본받아서 여생 마치기를 바라나 다만 이 초야 일대에서 부끄럽지 않기만 바란다.

《시경(詩經)》에 "끊임없이 뜰에 오르내리시며, 이 집안에 내려와 계시도다. 거룩하신 황고께서, 이 몸을 보호하며 드러낼지어다.(紹

庭上下, 陟降厥家. 休矣皇考, 以保明其身.)"라고 하지 않았던가. 이것
이 이만도가 오늘날 품은 뜻일러라.

[향산선생문집, 권10, 기]

柏洞書堂重建記

李晚燾[1]

陶山[2]之東有柏枝山[3], 古有官柏, 故名山. 有先祖妣權氏[4]墓,
與山城先祖[5]墓, 間一溪而對峙焉. 十世祖僉正府君[6], 嘗構柏洞

---

1 李晚燾(이만도, 1842~1910): 본관은 眞城, 자는 觀必, 호는 響山. 경상북도
  예안 출신. 퇴계 李滉의 11세손이다. 1866년 정시 문과에 장원급제하여 성균관
  전적·병조 좌랑·사간원정언을 지냈다. 이후 홍문관 부수찬·장령·지평·병조정
  랑·교리·응교·사간·집의 등을 역임했다. 1876년 강화도조약을 체결할 때 崔益
  鉉이 반대하여 올린 상소를 두둔하여 파직당하였으며, 1878년 다시 집의에 임명
  되어 홍문관·사헌부·사간원의 요직을 역임했다. 1882년 통정대부에 올라 공조
  참의에 임명되었으나 한미수호조약으로 나라가 혼란하자 낙향한 뒤, 같은 해
  6월 임오군란이 일어난 후 다시 공조 참의와 승정원 동부승지에 임명되었으나
  나아가지 않았다. 그 뒤 백동에 작은 서재를 지어 경학을 연구하다가, 1895년
  을미사변이 일어나고 단발령이 내려지자 예안에서 의병을 일으켜 활약했으나
  관군에게 패했다. 1905년 을사조약이 강제 체결되자 을사오적을 공박하는 상소
  를 올렸다. 1910년 8월 한일합병이 단행되자 유서를 쓰고 단식에 들어가 24일
  만에 순국했다.
2 陶山(도산): 경상북도 안동시 도산면 지역.
3 柏枝山(백지산): 栢山(잣갓). 경상북도 안동시 도산면 토계리 하계마을에 산.
4 權氏(권씨): 퇴계 이황의 둘째 부인 安東權氏. 權磌(1483~1545)의 딸이다. 퇴
  계는 21세에 맞은 허씨 부인이 세상을 떠나자, 1530년 30세의 나이로 권씨 부인
  을 맞았다. 권질의 자는 士安이다. 기묘사화의 여파로 1521년 예안으로 유배를
  왔다가 그 인연으로 이황의 장인이 되었다.
5 山城先祖(산성선조): 退溪 李滉(1501~1570)을 가리킴. 청량산 오르기를 좋아

書堂⁷於山下, 以爲齊祀⁸讀書之所, 其事詳具於府君外孫金敬齋⁹
公詩及序。又按鄭芝軒¹⁰公以集慶殿參奉, 當壬辰亂, 移奉本殿
睟容於斯堂, 北厓¹¹金公·孫公曄¹²皆更直於此。而月川¹³先生年
譜, 又昭載丁酉¹⁴祇還節次。異哉! 府君盖嘗爲集慶郞¹⁵, 睟容之

하여 청량산인이라는 호가 있을 정도였으며, 청량산에는 산성이 있기 때문이다.

6 僉正府君(첨정부군): 李寯(1523~1583)을 가리킴. 본관은 眞城, 자는 廷秀. 퇴
계의 장남이다. 장인은 琴梓이다. 濟用監參奉을 거쳐 1555년 集慶殿參奉으로
옮겨 임기를 마친 후 延恩殿參奉에 임명되었으나 나아가지 않았다. 1569년 연
로한 어버이를 위해 향리에서 가까운 奉化縣監으로 부임하였다. 1578년 군기시
첨정에 제수되었다.

7 柏洞書堂(백동서당): 안동시 도산면 토계리 번덕골의 작은 골짜기에 있는 霞溪
亭에서 20여 미터 떨어진 곳에 있는 서당. 이준이 세운 서당으로, 이만도가 벼슬
에서 물러나 自靖하며 독서하고 후진을 양성하던 곳이다.

8 齊祀(제사): 齊戒와 祭祀. 祭享을 올림.

9 敬齋(경재): 金是榀(1579~1612)의 호. 본관은 義城, 자는 公幹(또는 以幹). 李
寯의 외손이다. 장인은 金玏이다. 1609년 생원시에 합격하였으나 벼슬에 뜻이
없어 귀향하였다.

10 芝軒(지헌): 鄭士誠(1545~1607)의 호.

11 北厓(북애): 金圻(1547~1603)의 호. 본관은 光山, 자는 止叔. 이황의 문인으로
도산서당 嚴栖軒에서 수학하였다. 1592년 임진왜란 때 종제인 近始齋 金垓와
의병을 일으켰다. 태조의 어진이 백동서당에 봉안되어 있을 때 정사성과 함께
임시로 수호하였다. 1597년 정유재란 때에는 안동의 27의사와 함께 火旺山城에
들어가 목숨을 다하여 싸워 공을 세웠다. 1598년 도산서원의 山長이 되어《退溪
全書》의 간행에 힘을 쏟아 그 일을 끝냈다. 1602년 순릉참봉에 제수되었으나
곧 사임하고, 고향에 돌아와 이황이 남긴 학문을 강론하면서 후진양성에 전념하
였다.

12 孫公曄(손공엽): 孫曄(1544~1600)을 가리킴.

13 月川(월천): 趙穆(1524~1606)의 호.

14 丁酉(정유):《月川集》권1〈月川年譜〉의 丁酉(1597)조에 "9월에 예안 지역의
인사들과 태조대왕의 御容에 숙배하였다. 당시에 태조의 어용이 왜란으로 인해

蹔安於府君之堂, 非百世風雲[16]有默感於冥冥者乎? 其興·其廢, 不知的在何時? 其云齊祀, 若自妣墓始, 則先祖時尙秉德矣, 宜見於遺集。如唐石之順寧[17], 而今無可見, 則興在辛未禮葬以後, 恐無疑也。一世二世而壬辰大亂, 尙能保守不廢, 廢之於無事之日, 豈非後孫之所未安乎? 況其齊祀者, 所以伸其望反之慕也, 讀書者, 有聞於獨立之日, 而敦其詩禮之學[18]也。府君遺事中, 闕此一段, 豈非後孫之所可追恨者乎? 不肖竊嘗有感乎此, 乃就洞裏而欲追構, 則未知舊址之所在。或曰: "柏枝之西有書堂洞者,

---

경주에서 예안현의 동쪽 백동서당에 옮겨 봉안되었는데, 이때에 와서 조정에서 예관을 파견하여 강릉으로 모셔 옮겨 갔다."라는 기록이 있다.

15 爲集慶郞(위집경랑): 1555년 7월 通仕郞 集慶殿參奉에 제수된 것을 일컬음.

16 風雲(풍운): 風雲際會의 준말. 임금과 신하가 의기투합하는 것을 이르는 말. 《周易》〈乾卦·文言〉의 "구름은 용을 따르고 바람은 범을 좇는다.(雲從龍, 風從虎.)"라는 말에서 유래하였다.

17 唐石之順寧(당석지순령): 朱子가 令人 劉氏를 福建省 建陽縣 서북쪽 唐石山의 大林谷에 장사를 지내고 사모하는 마음을 이기지 못하여 順寧庵을 지어 제사 지낸 사실을 일컬음.

18 詩禮之學(시례지학): 《論語》〈季氏篇〉에서 나오는 말. "아들 鯉가 종종걸음으로 뜰을 지나자 孔子가 '시를 읽었느냐?'라고 물으니 리가 '아직 읽지 못했습니다.' 하기에 공자가 '시를 배우지 않으면 말을 할 수 없다.'라고 일러 주고, 또 '예를 배웠느냐?'라고 묻자 리가 '아직 배우지 못했습니다.'라고 하기에 공자가 '예를 배우지 않으면 행동을 할 수 없다.'라고 하였다.(曰學詩乎? 對曰未也. 不學詩, 無以言. 曰學禮乎? 對曰未也. 不學禮, 無以立.)"라고 한 데서 나온 말이다. 이에 대한 집주에서 "홀로 서 계실 때 들은 내용이 이런 것에 불과하였다. 달리 들은 것이 없음을 알 수 있다.(當獨立之時, 所聞不過如此, 其無異聞可知.)"라고 한 것은, 陳亢이 공자가 그 아들에게 은밀하게 잘해줄 것으로 의심했다가 깨달은 말이다. 윤돈이 말하기를, "공자가 아들에게 가르친 것이 다른 문인과 차이가 없었다. 그런 까닭에 진한은 아들을 멀리했다고 여겼다."라고 하였다

卽山後書堂舊基, 山後書堂是柏洞書堂也." 以吾思之, 有不然
者。山後之名, 剙在於先祖詩語[19], 書堂若爲吾家所作, 則何必舍
本名之山後, 而別以柏洞稱之乎? 且山後僻在一隅, 去墓所遠,
則齊祀之云, 甚不合也。聞之故老[20], 山後書堂, 基谷朴氏所建,
朴去而堂亦廢。雖未知其信然, 然若以此牽合於柏洞, 則恐不可
也。山之中有所謂樊德洞者, 宅曠勢阻, 坂平地高, 與敬齋詩[21],
樓對淸凉之句, 略相彷彿也。故爲立二間屋, 南房北堂, 西作
龕[22], 將以安高曾遞遷[23]之主, 山之南, 權祔先妣[24]墓。而霜雪凄
凄, 顧此一縷之安[25]於山裏飮啄, 罔非天地生成之恩[26]也。區區之
計, 未始無意於不報之報[27], 而自是斷得俗務, 斷得出入, 於所謂

---

19 先祖詩語(선조시어):《退溪集》권3 〈步自溪上踰山至書堂〉을 일컬음. 퇴계가
   "바위 벼랑에 꽃은 피고 봄빛은 적적하며, 시내 숲에 새는 우짖고 물은 졸졸 흐르
   네. 우연히 산 뒤편 서당에서 제자들을 대동하고, 한가로이 산 앞에서 고반을
   찾아보네.(花發巖崖春寂寂. 鳥鳴磵樹水潺潺. 偶從山後携童冠, 閒到前山看
   考槃.)"라고 읊은 시이다.

20 故老(고로): 옛 사실에 밝은 노인.

21 敬齋詩(경재시):《敬齋遺稿》권1 〈柏洞書堂〉을 일컬음. "백동서당이 푸른 산중
   에 있으니, 선인께서 심혈 기울여 창건하신 것일세. 길은 개울 따라 나 있어 물소리
   부서지고, 누대는 청량산 마주하여 날아갈 듯하네.(柏洞書堂在翠微, 先人創構費
   心機. 路緣溪澗聲如碎, 樓對淸凉勢欲飛.)"이다. 이 시는 칠언율시이다.

22 龕(감): 龕室. 祠堂 안에 神主를 모셔 두는 欌.

23 遞遷(체천): 4대봉사가 다한 신주를 最長房의 집으로 옮김.

24 先妣(선비): 李晩燾의 어머니 冶城宋氏(1806~1870). 宋在憲의 딸이다.

25 安(안): 延.

26 天地生成之恩(천지생성지은): 천지가 만물을 낳아 길러주는 은혜. 임금의 은혜
   를 상징적으로 표현하는 구절이다.

齊祀者·讀書者, 願法我府君, 以卒餘年, 而庶不爲一丘一壑[28]之
羞也。詩[29]不云乎, "紹庭上下, 陟降厥家. 休矣皇考, 以保明其
身." 此晚燾今日之意也。

[響山先生文集, 卷十, 記]

---

27 不報之報(보답지보): 은혜를 갚기 위해 벼슬에 나갔다가 비방을 받고 일을 그르
   쳐 임금에게 심려를 끼치는 것보다는 차라리 벼슬에서 물러나 소란을 야기하지
   않는 것이 임금의 은혜에 보답하는 길이 된다는 말.《楞嚴經要解》에 "이 몸과
   마음으로 티끌같이 무수한 세계를 받드는 것을 부처의 은혜를 갚는다고 한다.(將
   此身心奉塵刹, 是則名爲報佛恩.)"라고 하였는데, 朱熹가 이 구절을 인용하여
   '不報之報'라고 하였다.

28 一丘一壑(일구일학): 하나의 언덕과 하나의 골짜기라는 뜻으로, 은퇴하여 초야
   에서 산수를 즐기는 것을 말함.《漢書》권100 상〈敍傳上〉에 "하나의 골짜기에
   서 낚시하면 만물이 그 뜻을 어지럽히지 못하고, 하나의 언덕에서 소요하면 천하
   가 그 낙을 바꾸지 못한다.(漁釣於一壑, 則萬物不奸其志, 棲遲於一丘, 則天下
   不易其樂.)"라는 말이 나온다.

29 詩(시):《詩經》〈訪落〉을 일컬음.

판관 손공 묘지명 병서

조호익(1545~1609)

　만력 31년(1603) 6월 2일에 월성(月城) 손군(孫君)이 정침(正寢)에
서 숨을 거두었다. 같은 종족들이 서로 일을 주선해서 장례를 치르
려고 점을 치게 하였더니, 이해 10월 12일(갑오)이 길(吉)하다고 하
였다. 그의 아들[孫宗賀]이 편지를 보내어 명문(銘文)을 청하며 말하
기를, "선친(先親)은 성품이 엄하고 굳세며 침착하여 경박하고 화려
한 겉치레를 좋아하지 않았습니다. 대부인(大夫人)을 받들어 모심에
는 공경하고 봉양(奉養)하는 것이 모두 지극하였는데, 검소한 음식
을 올리면서도 삼생(三牲: 소·양·돼지)의 진미(珍味)를 갖추었습니
다. 자제(子弟)들을 대함에는 엄하면서도 은혜로웠는데, 학문을 시
키며 반드시 경학(經學)을 먼저 하도록 한 뒤에 과거 공부를 하게
하고서 또 '나로써 경계를 삼아라.' 하였습니다. 사람들과 사귐에는
친소(親疎)와 귀천(貴賤)에 따라 마음의 속과 겉이 다르지 않았으니,
비록 동복(童僕)일지라도 또한 제각기 기쁜 마음으로 경애하였습니
다. 어려서 부모를 여의고 학문을 닦지 못해 선대(先代)의 유업(遺
業)을 실추시킬까 개탄하고는 즉시 수레를 부수고 말을 죽였으나
아무 소용이 없게 되어 활과 칼의 자루를 잡아 무예를 익히기에 이
르렀던 것은 본래의 뜻이 아니었습니다. 늙바탕에 과거에 급제하였
으나 또한 벼슬길에 나아갈 뜻이 없었으니, 말의 발굽을 수레에 묶

어 놓은 듯했습니다. 밖으로는 어울릴 만한 벗이 없고 안으로는 끼니조차 잇기 어려우면, 이러한 사람이 또한 견디기가 어려울 것인데도 세상이 틀어막는데 급급한 것을 보고서 아무 것도 아닌 것으로 여겼습니다. 그러다가 불행히도 일찍 세상을 떠나 장사 지낼 시기가 다가오는데, 옛 사람들이 장사지낼 때면 반드시 지석(誌石)을 썼다고 합니다. 그것은 먼 장래를 생각하는 것일러니, 이 시대의 학식 있는 이의 한마디의 말을 얻어서 무덤에 함께 묻기를 원합니다. 사자(嗣子) 종하(宗賀)가 울면서 감히 청하나이다."라고 하였다.

이에 나 조호익은 일어나서 절하고 글을 받으며 말하기를, "아, 판관공(判官公: 손사)이 어찌 그리도 갑작스럽게 세상을 떠났단 말인가. 백발의 자애로운 모친이 집에 계시는데, 이곳을 버리고 어디로 돌아갔단 말인가. 아침저녁으로 안부를 묻고 좌우에서 봉양하며 맛있는 음식을 올리는 것을 장차 누가 대신한단 말인가. 아, 슬프다. 이러한 일도 있구나."라고 하였다. 나 조호익은 공(公: 손사)과도 한 번 정도의 면식이 있고 또 공의 종부형(從父兄) 진사공(進士公: 손엽)과도 옛정이 있으니, 의리상 글재주가 없다는 이유로 정성스러운 뜻을 사양할 수가 없었다.

손씨(孫氏)는 계통이 대수부(大樹部)에서 시작되어 신라로부터 고려 말에 이르기까지 고관대작이 잇달아 나왔다. 원조(遠祖: 鼻祖) 순(順)이라는 이는 탁월한 행적이 있어서 고려의 역사서에 그 사실이 실려 있다. 7대조인 이름 현검(玄儉)은 가정대부(嘉靖大夫) 검교중추원 부사(檢校中樞院副使)이었고, 그 아들인 이름 등(登)은 벼슬이 호조 참의(戶曹參議)이었으며, 그 아들인 이름 사성(士晟)은 병조 참의

(兵曹參議)에 이르렀고 아들의 공훈으로 인해 죽은 뒤에 계성군(雞城君)으로 봉해졌다. 그 아들인 이름 소(昭)는 정충출기적개공신(精忠出氣敵愾功臣)으로 가선대부(嘉善大夫) 이조 참판(吏曹參判)이었고 계천군(雞川君)에 봉해졌으며 시호는 양민공(襄敏公)이었으니, 공(公)에게 고조(高祖)가 된다. 증조부인 이름 중돈(仲暾)은 관직이 자헌대부(資憲大夫) 의정부(議政府) 우참찬(右參贊)에 이르렀고 월성군(月城君)에 습(襲封)되었으며, 시호는 경절공(景節公)이다. 위로 6대조인 참의공(參議公)부터 모두 문과(文科)로 급제하여 드러났으며, 대대로 기록할 만한 청덕(淸德)이 있었다. 조부인 이름 경(暻)과 아버지인 이름 광서(光曙)는 모두 벼슬을 하지 않고 일찍 세상을 떠났다. 어머니는 경주 김씨(慶州金氏) 장사랑(將仕郎) 행 고령훈도(行高靈訓導) 김두년(金斗年)의 딸이고, 진사 김호(金琥)의 손녀이고, 생원 김극종(金克從)의 증손녀이다.

가정(嘉靖) 을묘년(1555) 12월 26일(정사)에 공(公)은 양좌리(良佐里: 양동마을)의 집에서 태어났다. 공(公)의 이름은 시(時)이고, 자는 순백(順伯)이다. 기해년(1599)에 무과(武科)에 급제하였다. 임진년(1592) 여름에 섬 오랑캐들이 창궐하였으니, 주상(主上)이 의주(義州)로 파천(播遷)했다가 이듬해 겨울에야 도성(都城)으로 되돌아왔다. 영남 지방은 7년에 이르도록 평정되지 못했는데, 공(公)은 왜적을 토벌하는 공을 세워 여러 차례 관직을 제수받아 훈련원 판관(訓鍊院判官)에 이르렀으나, 미친병 때문에 나아가지 못했다. 물러나서 고을의 이웃들과 한가롭게 지내며 동서남북 논밭길을 돌아다니는 즐거움을 즐길 수 있기를 바랐으나 갑작스레 병이 악화되어 세상을 떠났으니, 그 부음을 들은 자는 슬퍼하였다. 향년 49세였는데, 흥해군(興海郡) 달전리(達田里)에 있는 도음산(禱陰山) 자좌오향(子坐午向: 정남향)의 언덕에 장사 지냈으니, 선영(先塋)이 있는 곳이다.

공(公)은 일직 손씨(一直孫氏) 진사(進士) 손진충(孫盡忠)의 딸에게 장가들어서 1남 1녀를 낳았다. 아들 종하(宗賀)는 학문을 좋아하고 문장이 훌륭하였다. 딸은 봉사(奉事) 박유(朴瑜)에게 시집갔는데, 지금은 영산 현감(靈山縣監)으로 있다. 둘째 부인 영월 신씨(寧越辛氏)는 참봉(參奉) 신덕봉(辛德鳳)의 딸로 1남 2녀를 낳았는데, 모두 어리다.

아, 공훈과 덕행이 양민공(襄敏公: 孫昭)과 같고 고결한 충절은 경절공(景節公: 손중돈)과 같았는데도 후손들이 창성하지 못하였으니, 선행을 힘쓰는 자들이 무디어졌다. 공(公)의 조부와 부친이 모두 일찍 세상을 떠나 현달하지 못했고, 공(公) 또한 관직에 나아가지 않고 집에서 지내다가 중년에 이르고 말았다. 어찌 하늘이 착한 사람에게 보답을 내려주는 이치가 공(公)의 자손들에게 있다고 하겠는가. 다음과 같이 명(銘)을 짓는다.

세상 온통 미치광이 되어	世方狂狂
뒤섞여서 편히 지내는데,	溷而遫
홀로 옷깃 여미며 삼가서	獨斂而謐
사이좋게 사귀며 지냈어라.	嫛乃誼
번쩍번쩍 인끈을 차고서	煌煌結綬
호화로운 수레 타고 으스대며,	朱丹轂
이에 혹 망령되이 가리켜서	茲或妄指

의자의 다리 부러졌다 하네.	几折足
저 두리번거리는 것을 보라	視彼矍矍
누가 얻고 누가 잃었는가.	誰失得
산의 나무들이 무성하고	山之丸丸
집채만 한 무덤 있는데,	封若堂
명을 옥돌에 새겨 놓으니	載刻之珉
하늘이 망망할 뿐이네.	天茫茫
씨 뿌리고서 수확이 있는 것이야	種而有穫
이치에 있어서 당연한 것이거늘,	理之常
공에게는 크게 있지 아니하였으나	不大于公
후손은 번성하리로다.	嗣則昌

[지산선생문집, 권4, 묘지명]

判官孫公墓誌銘 幷序

曺好益[1]

萬曆三十一年六月初二日, 月城孫君, 屬纊[2]于正寢. 同宗相與

---

1 曺好益(조호익, 1545~1609): 본관은 昌寧, 자는 士友, 호는 芝山. 창원 출생. 1575년 경상도도사 崔滉이 부임하여 軍籍을 정리할 때 그를 檢督에 임명하여 閑丁 50명을 督納하게 하였으나 병을 핑계로 거절하자, 최황이 土豪라고 上奏하여 이듬해 평안도 강동현에 유배되었다. 1592년 임진왜란 때 柳成龍의 청으로 풀려나와 金吾郎에 특별 임명되어 行在所가 있는 中和로 달려갔다. 그 뒤 召募官이 되어 軍民을 규합하고 중화·상원 등지에서 전공을 세웠다. 이어 형조정랑·折衝將軍에 승진되고, 1593년 평양싸움에 참가하였다. 또한 대구부사·성주목사·안주목사·성천부사 등을 역임하고, 1597년 정주목사가 되었으나 병으로 사직하였다. 1604년 선산부사, 1606년 남원부사에 임명되었으나 병으로 나가지 못하였다.

厄事, 謀所以葬, 命于龜策[3], 是年冬十月十二日甲午而吉。其孤[4]
以書謁銘曰: "先考性嚴毅沉實, 不喜儇薄浮華。其奉侍大夫人,
敬養俱至, 進菽水[5]而有三牲[6]之滋味。待子弟, 嚴而恩。爲學, 必
令先經學而後時文[7], 且曰: '以我爲戒.' 與人, 親疎貴賤, 表裏無
畛域[8], 雖童僕, 亦各得其懽心而敬愛也。早孤失學, 慨然墜先業,
卽毁車殺馬而無及, 至以弓劍握機爲藝, 非其本志也。晚而得科,
亦無仕進意, 纍俿獵蹄[9]。外無翕羽, 內不能酸, 若人且不堪, 而
視世之箝鍵絜絜[10], 蔑如也。不幸早世, 卽遠有期, 古人葬必用誌
石。其慮遠也, 願得當世有識之一言, 藏諸幽窆[11]。嗣子宗賀, 泣
而敢請。" 好益起而拜, 受曰: "噫! 判官公, 何遽爾耶? 白髮慈顔[12]
在堂, 捨此而何歸? 晨昏起居, 左右就養, 瀡瀡[13]甘旨之奉, 將誰

---

2 屬纊(속광): 사람이 죽어 갈 무렵에 숨이 끊어졌나 확인하기 위하여 코에 솜을
대어 움직이는가를 보는 것이다.

3 龜策(귀책): 고대에 거북이의 등껍질과 蓍草로 점을 치는 것을 일컬음.

4 孤(고): 아버지를 여읜 아들을 일컬음. 곧 孫宗賀(1576~1634)이다. 본관은 慶
州, 자는 武卿, 호는 樂天齋. 조호익의 문인. 中部主簿를 지냈다.

5 菽水(숙수): 콩과 물. 변변하지 못한 검소한 음식을 이른다.

6 三牲(삼생): 소, 양, 돼지 고기의 음식. 三牲之養은 어버이를 힘껏 봉양한다는
뜻이다.

7 時文(시문): 과거시험에서 규정한 문체. 여기서는 과거공부를 일컫는다.

8 畛域(진역): 경계.

9 纍俿獵蹄(누치엽제): 輪纍蹄躑. 말이 밟고 있는 발굽을 수레에 묶음.

10 絜絜(혈혈): 挈挈의 오기인 듯. 붙드는 것. 급한 모양. 절박한 모양. 뜻을 얻지
못하고 떠남에 그 걸음걸이가 황급하고 괴롭다는 것을 말한다.

11 幽窆(유폄): 무덤.

12 慈顔(자안): 자애로운 얼굴. 어머니를 일컫는 말이다.

使之代耶? 嗚呼! 痛矣。有是哉?" 好益於公, 有一日之雅, 又舊于
公之從父兄進士公[14], 義不可以不文[15]辭款志。孫氏系出大樹部,
自新羅迄麗季, 圭組[16]相望。遠祖[17]曰順, 有異行, 事載麗乘。七
世祖諱玄儉, 嘉善大夫檢校中樞院副使, 子諱登, 戶曹參議, 子諱
士晟, 仕至兵曹參議, 以子勳追封鷄城君。子諱昭, 精忠出氣敵
愾功臣, 嘉善大夫吏曹參判, 封鷄川君, 諡襄敏公, 於公爲高祖。
曾祖諱仲暾, 官至資憲大夫議政府左參贊, 襲封月城君, 諡景節
公。上自六世祖參議公, 並文科顯, 世有淸德可紀。祖諱曔, 考
諱光曙, 皆不仕早卒。妣慶州金氏, 將仕朗行高靈訓導斗年之女,
進士琥[18]之孫, 生員克從之曾孫。嘉靖乙卯十二月二十六日丁巳,
生公于良佐里第。公諱時, 字順伯。己亥, 登武科。壬辰夏, 島
夷猖獗, 上幸義州, 越明年冬還都[19]。南服泊于七年未靖, 公討賊
有功, 累授, 至訓鍊院判官, 而以狂疾不願也。退而與鄉鄰優游,
庶幾邃東阡南陌之樂, 而暴疾以終, 聞者悲之。享年四十九, 葬
于興海郡達田里[20]禱陰山[21]子坐午向之原, 從先兆[22]也。公娶一直

---

13 滫瀡(수수): 고대의 요리법의 일종으로, 녹말을 음식물에 섞어 부드럽고 걸쭉하
  게 하여 만든 음식. 맛있는 음식으로 봉양하는 것을 말한다.

14 從父兄進士公(종부형진사공): 4촌형 진사. 곧 孫曄을 일컫는다.

15 不文(불문): 글에 대한 지식이 없음.

16 圭組(규조): 고관이 가지는 홀과 인끈. 고관대작을 일컫는다.

17 遠祖(원조): 먼 조상. 鼻祖.

18 琥(호): 金琥(생몰년 미상). 본관은 慶州. 1501년 식년시에 급제하였다.

19 南服(남복): 남방의 땅. 여기서는 영남의 지방을 일컫는다.

20 達田里(달전리): 경상북도 포항시 남구 연일읍에 있는 마을.

孫氏進士盡忠[23]之女, 生一男一女。男曰宗賀, 好學有文。女適
奉事朴瑜[24], 今爲靈山縣監。再娶靈越辛氏, 參奉德鳳之女, 生一
男二女, 皆幼。嗚呼! 動德如襄敏公, 淸忠如景節公, 而不昌大于
後, 爲善者倦矣。公之祖考及考, 皆早殁不顯。公又家食[25]而及
中身[26]。豈曰施報之理, 其在公之子孫乎? 銘曰: "世方狂狂[27], 溷
而邃。獨斂而謐, 嬰乃誼。煌煌結綬, 朱丹轂。玆或妄指, 几折
足[28]。視彼矍矍[29], 誰失得。山之丸丸[30], 封若堂。載刻之珉, 天
茫茫。種而有穫, 理之常。不大于公, 嗣則昌。"

[芝山先生文集, 卷四, 墓誌銘]

---

21 禱陰山(도음산): 경상북도 포항시의 흥해읍 학천리와 신광면 냉수리 및 경주시
   의 강동면 단구리에 걸쳐 솟아 있는 산.
22 先兆(선조): 先塋.
23 盡忠(진충): 孫盡忠(생몰년 미상). 본관은 一直, 자는 子敬. 永川 입향조이다.
   1546년 식년시에 급제하였다.
24 朴瑜(박유, 1576~1618): 본관은 務安, 자는 伯獻. 朴毅長의 장남이다. 1594년
   무과에 급제하여 선전관을 거쳐 장기현을 역임하고 1599년 靈山縣監이 되었다.
   密庵 李栽가 지은 묘갈명이 있다.
25 家食(가식): 집에서 밥을 먹는다는 말. 아직 관직에 나아가지 않고 집에서 놀고
   먹는 것을 이른다.
26 中身(중신): 마흔이 지난 나이.
27 狂狂(광광): 미치광이.
28 几折足(궤절족): 명문가가 몰락했다고 비웃었다는 말. 蘇東坡의 〈次韻王定國
   謝韓子華過飮〉 시에, "세가를 믿을 수가 없는 것은 마치 다리 부러진 책상에
   기대는 것과 같네.(世家不可恃, 如倚折足几.)"라고 하였다.
29 矍矍(확확): 두리번거림.
30 丸丸(환환): 무성함. 꼿꼿함.

찾아보기

여기서부터는 影印本을 인쇄한 부분으로 맨 뒷 페이지부터 보십시오.

若堂載刻之珉天玆玆種而有穄理之常不大于公
嗣則昌

之樂而暴疾以終聞者悲之享年四十九葬于興海

郡達田里檮陰山子坐午向之原從先兆也公娶一

直孫氏進士盡忠之女生一男一女男曰宗賀好學

有文女適奉事朴瑜今爲靈山縣監再娶靈越辛氏

參奉德鳳之女生一男二女皆幼鳴呼勳德如襄敏

公清忠如景節公而不昌大于後爲善者倦矣公之

祖考及考皆早歿不顯公又家食而及中身豈曰施

報之理其在公之子孫乎銘曰

世方狂狂涸而遂獨歛而謐娶乃誼煌煌結綬朱丹

較茲或妄指几折足視彼瞿瞿誰失得山之九九封

懋功臣嘉善大夫吏曹叅判封鷄川君諡襄敏公於
公爲高祖曾祖諱仲曒官至資憲大夫議政府左叅
贊襲封月城君諡景節公上自六世祖叅議公並文
科顯世有清德可紀祖諱暾考諱光曙皆不仕早卒
妣慶州金氏將仕郎行高靈訓導斗年之女進士琥
之孫生員克從之曾孫嘉靖乙卯十二月二十六日
丁巳生公于良佐里第公諱時字順伯己亥登武科
壬辰夏鳥夷猖獗 上幸義州越明年冬還都南服
洎于七年未靖公討賊有功累授至訓鍊院判官而
以狂疾不願也退而與鄕鄰優游庶幾途東阡南陌

不幸早世卽遠有期古人葬必用誌石其慮遠也願
得當世有識之一言藏諸幽竁嗣子宗賀泣而敢請
好盃起而拜受曰噫判官公何遽爾耶白髮慈顏在
堂捨此而何歸晨昏起居左右就養滫瀡甘旨之奉
將誰使之代耶嗚呼痛矣有是哉好盃於公有一日
之雅又舊于公之從父兄進士公義不可以不文辭
款志孫氏系出大樹部自新羅迄麗季圭組相望遠
祖曰順有異行事載麗乘七世祖諱玄儉嘉善大夫
檢校中樞院副使子諱登戶曹參議子諱士晟仕至
兵曹參議以子勳追封雞城君子諱昭精忠出氣敵

萬曆三十一年六月初二日月城孫君屬纊于正寢

同宗相與庀事謀所以葬命于龜策是年冬十月十

二日甲午而吉其孤以書謁銘曰先考性嚴毅沉實

不喜儇薄浮華其奉侍大夫人敬養俱至進穀水而

有三牲之滋味待子弟嚴而恩爲學必令先經學而

後時文且曰以我爲戒與人親疎賢賤表裏無畛域

雖童僕亦各得其懽心而敬愛也早孤失學慨然墜

先業卽毀車殺馬而無及至以弓劍握機爲藝非其

本志也晚而得科亦無仕進意礧砢獵蹄外無翁羽

內不能餞若人且不堪而視世之箝鍵絜絜蔑如也

判官孫公墓誌銘幷序

《芝山先生文集》卷4, 1899, 국립중앙도서관 소장

長適徐光胤次適鄭繼道次適鄭克後孫男一曰海

容女幼公性坦率不爲表襮與人談論亹亹不厭好

益少時嘗識公于旅邸一見知爲偉人後三十年再

見于所居風期雅致猶未衰未四五年而訃至嗚呼

悲夫銘曰

上沂靈源千七百年積德之基瓜瓞綿綿公生也挺

天或有頣時不我諧以鼎柱車短袖長彎矮屋打頭

獨有東岡寬閑一區不贏于躬以永垂休有高一原

有幽一塋我銘以藏惟公所寧

判官孫公墓誌銘 幷序

1

也聞之故老山後書堂基谷朴氏所建朴去而堂亦廢錐
未知其信然然君以此牽合於柏洞則恐不可也山之中
有所謂樊德洞者宅曠勢阻坂平地高與敬齋詩樓對淸
凉之句略相彷彿也故為立二間屋南房北堂西作龕將
以安高曾遞之宝山之南權祔先妣墓而霜雪淒淒顧
此一縷之安於山裏之飮啄罔非天地生成之恩也區區之
計未始無意於不報而自是斷得俗務斷得出入於
所謂齊祀者讀書者頋法我府君以卒餘年而庶不為一
丘一壑之羞也詩不云乎紹庭上下陟降厥家休矣皇考
以保明其身此晚蕘今日之意也

石之順寧而今無可見則與在辛未禮葬以後恐無疑也
一世二世而壬辰大亂尚能保守不廢廢之於無事之日
豈非後孫之所未安乎況其齊祀者所以伸其望及之慕
也讀書者有聞於獨立之日而敦其詩禮之學也府君遺
事中闕此一段豈非後孫之所可追恨者乎不肖竊嘗有
感乎此乃就洞裏而欲追構則未知舊址之所在或曰柏
枝之西有書堂洞者即山後書堂舊基山後書堂是柏洞
書堂也以吾思之有不然者山後之名翔在於先祖詩語
書堂若為吾家所作則何必舍本名之山後而別以柏洞
稱之乎且山後辭在一隅去墓所遠則齊祀之云甚不合

響山集卷

四

柏洞書堂重建記

(《響山先生文集》卷10, 1933, 국립중앙도서관 소장)

柏洞書堂重建記

陶山之東有柏枝山古有官柏故名山有先祖妣權氏墓
與山城先祖墓間一溪而對峙焉十世祖僉正府君嘗構
柏洞書堂於山下以爲齊祀讀書之所其事詳具於府君
外孫金敬齋公詩及序又按鄭芝軒公以　集慶殿參奉
當壬辰亂移奉　本殿晬容於斯堂北厓金公孫公曄省
夏直於此而月川先生年譜又昭載丁酉祇還節次異我
府君蓋嘗爲　集慶郞晬容之蹔安於府君之堂非百世
風雲有默感於冥冥者乎其興其廢不知的在何時其云
齊祀若自妣墓始則先祖時尚秉德矣宜見於遺集如唐

附水雲亭詩　　　　　　　具栢潭鳳齡

斷麓蒼然大野頭小亭飛檻入雲浮螺園遠出重重
出玉繞澄溪曲曲流滿架詩書眞種穫一園花竹是
箕裘紫仙遺躑躅煙霞古景仰高山思益悠
邂逅風標足可欽論交何必舊知音泰山家學經掇
海台岳仙蹤賦擲金南嶺梅花歸去意北天雲月別
離心菰蒲不是英豪藪迓見飛騰收白今

又　　　　　　　　　　　趙黔澗靖

我自玉山下來過良佐村遺風見喬木厚誼酌溪罇
握手窈昏暮恣形託弟昆留連水雲宿凉月爽心魂

4

川琴湖廣洲可溯洄可游泳可釣魚魚躍銀可賞月
月湧金上下數十里逶迤蜿蜒如千尺玉虹偃臥銀
河界傍且道德華蓋之峯其文元公遊息樓養之所
也噫孫氏之幾十世往往多碩人傑士一塵相傳先
芙久遠則不忍念焉亭榭荒廢則不忍視焉竭誠修
葺其新如舊人傑地靈儘非誣也孫之子孫從玆逞
幾十世以今日心爲心毋忝而毋墜則芙侐爲一亭
幸家道之肥而昌抑亦爲一門幸惟孫君勉之玐正
憲大夫禮曹判書兼知　經筵春秋館義禁府事同
知成均館事五衛都摠府都摠管延安金鏏謹識

且進一冊曰此淸虛遺稿先祖有德有行而不得位
不得壽世無知者水雲之勝冠於東都亦隨人而晦
但先祖之名節志躭亭之淸麗奇絕略具於遺稿及
前輩詩文茲可以領略而徵信願賜一言記顚末以
圖不朽寫余曰善乃披覽寫淸虛子眞賢君子非煙
火食人其若花柳句梅竹論乾坤篇照膽鏡如非氣
節之卓犖志操之淸高其出言烏章豈如是拔俗葆
眞也亭之景光先得目擊考之於此峙之爲樂山
王峯鶴岀魚嶂或奔而如浪湧或突而如筆尖松杉
楓菊窈窕蕭森繞而薆薈水墨障子流之爲蓮池雪

2

水雲亭重修記

《淸虛齋先生文集》附錄, 1901. 국립중앙도서관 소장

水雲亭重修記

昔程夫子銘顏樂亭曰水不忍廢地不忍荒嗚呼棠

賢蔦學也誠若是其勤且重邪于後仍也爲祖先傳

美詩後之地子嶺之內月城孫君相孝來謁曰生之

先祖淸虛公攝一小亭抡聖住山下雪川之上扁曰

水雲取其水淸而雲虛因以自號焉斯亭也再經兵

燹只有遺墟由來幾百年之間漠然水流而雲空越

在乙卯諸孫並力鳩村因其重建堂室凡八間內儲

圖書外栽花木登覽於斯與居於斯用寓羹墻之慕

祥閟一盃敬奠千古永詫英靈不昧庶鑑悲臆

墨稱二絕次曰旺女適安潤身進士次朴敬老次權

士諤縣監次辛協曄無嗣只有庶出旺生一男宗德

曾玄以下甚蕃不盡記墓在與海郡達田里禱陰山

頁亥之原即景節公墓右麓也黃氏墓在同原向卯

即校尉公墓下也兩塋相距百餘步今諸孫方治碣

以行蹟失火爲至痛然言游以二微事而知澠臺之

賢爰多爲如公宏村偉器空施而不得施戚矣悟然

以山水自娛以沒齒其意象何如哉斯其爲景節公

之後乎是爲銘

折衝將軍咸鏡南道虞候靈山辛公墓碣銘幷序

梅山集　卷之十一　四十三

3

敏生諱仲暾有厚德清操仕至吏曹判書襲封爵諡

景節卽公之祖也考諱暾顯信校尉娶信川康氏進

士士淵之女嘉靖初生良佐洞才分超卓詞翰彬蔚

且染文獻嘗家餘範見識日博祖母崔夫人器之曰踵

先業者必此兒也遂以京第付之益景節公遺意也

戊午中進士自是華聞益暢而累屈公車竟落魄不

遇人皆惜之然公不以是介懷遂謝擧場築亭于西

溪之上扁以水雲日嘯詠其間以自適晚以大耋授

通政鄕鄰推達尊望之若神仙焉配德山黃氏別提

李沃之女參判瑾之孫有二男四女長曰曄參奉文

2

僉知中樞府事月城孫公墓表

《梅山先生文集》卷11 묘지명, 1797, 국립중앙도서관 소장)

爽可觀所居有銘巖因以自號王子二月十一日終

享年五十九葬荘府東下西里九萬山負艮原配驪

江李氏士人德一女晦齋先生族孫也墓祔銘巖先

壟有二男三女男達文達贇女曹達運鄭纘陽金光

煜側室子達斌銘曰

嶷嶷乎其表也鏘鏘乎其詞也抱玉而不見售胡氣

數之參錯也

　　僉知中樞府事月城孫公墓表

公諱光暠字熙遠其先羅大樹部也後世有孝子順

入我　朝益賢顯有諱昭錄敵愾勳封難川君諡襄

1

家狀

(《淸虛齋先生文集》附錄, 1901. 국립중앙도서관 소장)

淸虛齋先生文集

附錄

家狀

先生諱曄字文伯號淸虛孫氏月城人系出新羅大
樹部新羅有六部長而各賜姓孫氏卽其一也鼻祖
諱順有孝行載史自羅屆麗世著簪纓八 本朝
諱玄儉嘉靖大夫檢校中樞院副使諱登承議郎司
憲府監察 贈戶曹參議諱士晟兵曹參議封雞城
君寔公五世祖也高祖諱昭嘉善大夫更曹參判精
忠出氣敵愾功臣封雞川君謚襄敏曾祖諱仲曒資

憲大夫議政府右參贊封月城君諡景節號愚齋祖

諱曒早卒考諱光晒成均進士號雪厓姓水黃氏

別提李沃之女嘉靖甲辰十二月十四日公生于良

午以東都人才之藏　特命題新羅玉笛而遣京官

佐里第自幼天資卓異性孝友文詞贍敏　明廟戊

試諸生時公年甫十五考官見公詩甚奇之擢置高

等由是知名富世戊辰中司馬屢登鄉舉不中旣而

歎曰吾好古而俗尚已不古不中命也吾何苟於是

遂不赴舉益勵志于性理之學與曹芝山　好益李訒齋

巖楨具栢潭鳳齡趙月川穆李東巖詠道崔訒齋晛

趙黔澗靖林慵齋申梧峯之弟琴惺齋蘭秀琴日
休應來琴勉進應邁爲道義之交宣廟壬辰倭冠
來侵公徑造集慶殿奉康獻大王晬容移安于禮
安李東巖書堂又奉五聖十哲十二賢位版于金谷寺
挈家八竹長山中府伯尹公仁涵素與公善自誓必
死于賊遂託公以家屬公分宅而處之謂尹公曰吾
以世祿之家休戚義當共之而親老弟幼艱難遠離
柰何尹公壯其意以公爲本州帶率又爲監營錬兵
将與尹公員死禦賊州民賴以得全是年多除集
慶殿參奉盖其厄聖衛師也尋與郭忘憂堂再祐

柳西厓成龍鄭愚伏經世會盟于火旺山城爲權曰
雲應銖屢助兵粮及尹公內召朴武毅毅長繼知州
事公以本職又居其幕府時我軍爲天兵先登斬獲
甚衆我軍亦多沒於賊公爲文以祭之時天將雷陣
安庫而先庄竹木多被侵伐公書以助之其弊少戢
未幾丁雪厓公憂哀毀盡禮廬墓終三年服闋海寇
亦退　除靖陵參奉遂不起築亭于雪川之上雪川
者東都山水之會也水石雲烟爲一州之勝故扁以
水雲蓋水淸雲虛所以自況也而淸虛之揭號亦以
此也名二石臺能愼乎不睹不聞而有曰戒懼憂君

於江湖之遠而有曰朢美一室清幽蒔花種竹頗著
文章以見志優遊自適以終老焉有遺集若干篇在
巾衍萬曆庚子十二月十四日考終辛丑正月葬于
安康縣根谷里負亥之原配夏城曹氏　贈戶曹參
議忠禮女無育配神光陳氏奉扈女生二子壽元壽
溫壽元一男敏政敏政二男汝璟汝珣是厚是海汝
璟子也是孝汝珣子也於戲公以不世之才生長於
愚晦拔彙之地其心法之傳授風韻之觀感盖亦有
素而所與交遊又皆當世仁賢忠義之士也是以見
義早而學問博信道篤而志節固歡戚夷險未足以

動其中年甫成童名動京師以公名家關關取青紫
如拾地芥而世與我違則當老我嚴穴而不易其所
守之如島夷獝獌之始遺棄君親者陸陸而公陪先
聖以避腥氛扈　晬容以安靖地無事於職而與謀
於國仗義於外而不遺其親四歲倡盟竟全父母之
鄉百里轉餉以振義旅之威帬義䰇則神人感裼禁
橫暴則天將懾服迨夫盧基三霜血淚纏晞而搶攘
八載國耻亦雪則以若經綸才器遇盤錯而不得大
試是可恨也然得之不得命也是豈公所恤者我嗚
呼公平生所著文章及施之事爲者蓋多有不朽者

6

累經回祿餘存無幾眇玆屛孫誠淺力綿又未得闡

明先蹟而尚此泯泯可勝慟哉玆敢搜取篋中亂藁

與夫同時從遊諸賢之文字集爲一冊既又略掇展

歷顚末一通就質于當世立言之君子云

崇禎三戊寅孟春上澣六世孫響九泣血謹識

墓誌銘 幷序

曺芝山 好益撰

公諱曄字文伯父慶州人生于嘉靖甲辰十二月十

日某子卒于萬曆庚子十二月十四日卜葬于安康

縣南根谷山亥坐巳向之原盖明年正月七日某子

也將葬其從姪孫宗賀以狀請曰公從伯父少年舊

杖出戶

十三日聞賊奇甚追身不能騎馬悶如之何俄而賊

退〇聞賊將清正在西生浦驍勇甲於賊帥有招集

諸鐵馬驅慶州及松羅等地之計行兵到蔚山適和

親成曇吏到彼我國亦送吏和解故姑退還云

三月二十日聞判官金應期戰歿此後日記散逸無傳可歎

清虛齋先生文集

42

男急呼而來蒼黃顛倒或墜馬或步走驚惶不可狀

到末應川上回看烟火接天夕投居洞

初四日聞家舍免火什物不能運者賊皆挼去

初五日唐兵與賊接戰于大洞敗妃者甚多

十九日賊犯長髻大船八隻來我軍射退之

二十七日見邑更崔彥先自府來言昨日賊焚湯朝

驛府中騷然俄而賊退此後賊奇或虛或實人夜不

能寢晝不能安居云

十二月初十日　集慶殿災

甲午正月寒疾漸緊自擬濱妃至二月初旬間始扶

莒大卯等地聞慶州陣見敗十七日三陣下來據府

城府伯判官等出城外得二三間爇餘屋居焉

二十五日吾今婢子來言唐兵日日到村刈竹盜入

人家攫取人不堪苦多則四五十小則十餘或七八

連絡不絕

十一月初二日聞賊大至焚毛兒瓦谷等村顚倒治

行先送家屬于杞溪繞得鎖門出外吾今婢來言賊

已到王信初昏託寓于杞溪人家

初三日順伯聞賊䞍稍退下來到鍮堂嶺見賊焚蕩

已到安康良佐等村急送春男發行家屬家屬見否

內皆驚散翌日賊稍退兵使還陣佛國寺

九月十九日唐兵下本府駱參軍千斤等二千餘人

陣于西山爲過冬計飛輓之弊民不能堪然亦恃此

稍安

十月十二日賊突至茸長村唐先鋒六人死不勝痛

悼賊不知其數唐兵但三十人與我軍分左右翼唐

兵居中直進我軍左右翼皆潰走唐兵獨進爲賊所

圍以是見敗然以三十人當大敵有進無退剿殺亦

多斬首一級唐軍繼進賊望見而走倘非我軍之潰

雖三十人尚可大捷我軍之罪不容誅矣唐兵在八

與所聞異未久還大邱
初八日賊退屯機張等地進退無常王子兩君黃赫
等與倭將月初上京
十二日往謁尹府伯于杞溪餞行府伯執手言曰二
載亂中处生與同今當千里之別不勝悵缺未知異
日兩家子孫能知此誼否余黯然因往仁庶見長水
察訪李宝正察訪待交代苦雷云
十八日府伯發疴知八村未得往餞作別章仰呈府
伯和送
二十六日夕聞賊焚蕩東面八谷等村殺掠甚衆府

女入城者甚衆諸將不思放出積尸丘山城守七日
而陷云○黃山察訪李瓚言唐兵之不討賊其實畏
之也初復平壤時專賴浙江炮手李提督如松忌之
碧蹄進軍時不用炮手先鋒盡殲於賊平壤之後賊
見唐兵則走碧蹄之後賊見唐兵則迎之唐將之欲
和以此云
十八日夕聞賊還陣于蔚山太華梁山等處有人自
賊中來潛報賊語曰慶州煮善守亦頗突擊必欲復
讎以二十日定爲八慶之計云一府騷動
八月初三日唐兵千餘入慶州自備柴木無所橫突

右道唐兵亦爲設伏左水使李守一獲賊船五隻于
藍浦等地多得軍器斬馘亦多云
七日聞前月二十九日晉州城陷晉州自初至今城
守擊殺不憚至是賊合力故不能支云
十三日入府謁新府伯又拜巡察使得聞晉州城陷
時右兵使崔慶會倡義大將金千鎰忠淸兵使黃進
牧使徐禮元他守令諸將勢窮赴水兒者甚衆一城
勇軍不過六七千而殺賊幾至七八倍其苦守力戰
之狀可想城陷時崔慶會金千鎰黃進登矗石樓北向
痛哭再拜而投江錐慶遠之節不過是也所可惜者士

擊稱名人所詰問或必督捕防禦對之其人大怒
曰唐兵已令朝鮮日本和親汝等乃為此捕殺之計
何也自拔劒欲斬沈遊擊黃廷或慂乞得止惟杖朴
晉三度赤身結縛戮辱無狀痛憤不可言我國待唐
兵如父母庶雪萬古無窮之辱唐兵反與賊交和無
意勦滅又脅我使講和是何意也豈唐將無一人奉
行聖天子意者邪草野微臣尚欲膽裂况我　主
上何以為心
七月初聞賊向右道陷咸安圍晉州晉州善守且殺
賊甚多賊退兵由是不得長驅黃海湖南之兵彌滿

二十六日始雨連四日水大漲奴子以支供唐兵事

牽牛載官太向彥陽者旬餘未還

六月間賊發　宣陵靖陵云不勝痛哭○前月念後

都元帥金命元從事官柳希緒八府唐兵七八人亦自

密陽來伺察賊執其中二人帶將嘟頗能文字云十

六日賊有向右道之奇唐兵大軍且到大邱云故都

元帥巡察使向大邱○朴判官陞府尹○唐遊擊將

軍沈惟敬自東萊率倭將二人倭兵二百餘人及見

虜府院君黃廷彧偕還止密陽柳川地早曉督捕使

朴晋及防禦使三員進見黃府院君適爲唐將母遊

34

五日聞賊自大邱以上皆掃地而歸倭兵四十餘騎
隨後而來自上道相傳勿爲犯擊云和意可知○近
日賊奇無定或云往尚州或云漸下唐兵已到唐橋
等地牛馬調發或惡或綏莫適所從盖賊初與唐人
請和而退及到尚後連雷不歸唐兵不得已隨逐而
下王子則到東萊乘舟日還送云其兇計誠莫測也
○剳官朴毅長陞通政以前後擊斬功也
初十日聞招諭使金誠一卒于晉州軍中不勝驚慟
二十一日聞彥陽賊退兵使剳官入彥陽府伯以唐
兵支供都差亦往焉

十一日靈山丈捐世不勝驚慟

十七日閏斤自松京來言亂初登山免禍唐兵來始

得入城支供唐兵宋侍郎應昌李提督如松合兵軍

勢大振四月內必舉大事諸道賊皆到京城其麗不

億亦食盡勢窮唐兵圍之萬無不克之理云若如此

克捷可望

二十三日兵使權應銖來安康爲畱陣計○自春初

餓莩塞路流離彌滿士族村巷目不忍視

五月初二三間自京城下來者或傳唐兵與賊和親

之奇

32

亦陪來因聞天兵戰馬多病妃大將李如松還入遼

東只雷萬人陣松京雖未的信然狀啓持去人所傳

且傳通有如此云〇監營呈告人來許暇十日可幸

十三日冒雨發行宿安東順伯婢春香家

十四日宿松蹄驛自二月春雨過多到處艱渡

十五日宿竹長主人家主人等皆喜迎至誠歡厚夜

大雨溪漲仍雷

四月初三日謁監司于安庫

初七日見吏曹關前叅奉鄭士誠因任新叅奉見遞

以是停禮安行

三月初八日縣倅申之悌送簡其中有今見體察使
關文唐官三十餘人以大將意曉喻北州曙賊皃醜
亦驚懼聽命王子及諸宰曾巳還洛賊亦多遁去天
兵時駐坡州云
十一日成參奉亮自京鐖漂流而來宿于陶山與院
長琴應壎偕來見余成言親見唐兵甚整肅可畏倭
賊亦震戢戰北道賊來萃京城閉門不出焚蕩城外入
家盡爲灰燼作浮橋于漢江逃遁者甚多唐兵以霖
雨不得進兵云
十二日安集使金公劤肅拜于 晬容主倅申之悌

壤賊金命元守城兵部尙書宋應昌領二萬人向北

道遼東摠兵李成樑子如松如柏等領六萬長驅而

來不久當到京城有軍官自義州　行在所來親見

平壤克賊之事云

二月初八日夜兩脚兩臂酸痛九日十日苦劇刺痛

夜則尤甚轉側須人十八九間似稍減然微痰不絶

客中憂應不少

二十七日李聖與自慶州還歷訪且言宣傳官卄四

到安康名曰督運使以唐兵軍糧措置事下來唐兵

留陣開京以雨水不得速戰云

初九日曹汝益來過留宿至十一日乃去琴彦康愷
亦來話
十二日夕李奉事聖與來見昨夕自義興軍中始到
云
十七日琴司果蘭秀往別墅歷訪
十九日趙陜川穆來陶山書院送問余往謁之仍謁
廟廟曰尚德堂曰典教兩齋東曰弘教西曰博約門
日進道
二十九日趙陜川琴河陽應夾院長琴應壎會于陶
院招之往拜聞唐兵歲前已到義州初八九間殲平

令鍊精兵官牒屢到不得已力疾出來

初六日奉　䘮慶殿參奉　官教天涯　恩命出於

意外不勝愴惻但亂離中去就勢難寒疫方劇罔知

所處　時朝廷嘉其衛師　恩命

十五日往杞溪畢鍊兵事

二十三日監司促關來

癸巳正月一日謁府伯長水察訪亦來暫行酌禮辭

禮安行察訪許給驛馬

初三日發宿竹長初四宿松蹄初五宿安奇初六到

住所

殘無餘不勝寒心夕還安康

二十六日移安五聖十哲及東西廡十二位版于金
谷寺尋奉安于玉山書院○前一日向玉山過安康
縣長水察訪以　教官差使員到驛伏見　教官

主上在義州有三京失守之語本京松都平壤也且
有地維已盡予將何歸秋涼已動邊地早寒瞻彼長
江亦流于東我心思歸如水滔滔之語不覺痛哭

十一月初六日自家入竹長歷謁府伯見傳通臨海
君順和君及黃廷彧黃赫爲賊所獲云不勝驚慟

十二月初一日出見府伯于杞溪監司差余鍊兵將

明始歙此日賊自彥陽牽牛馬入城載倉米二夏與
本賊無遺遁去翌朝判官馳入前二三日兵使上去云
十一日往見城邑謁判官極目灰爐僵尸薉路臭穢
掩鼻翌日上杞溪謁府伯又翌日陪府伯下安康
十四日府伯往城內自四月一府爲賊窟官員竄伏
潨山是日府伯以鎭集民心吹角爲官員狀觀者或
墮淚余陪府伯省視殿宇蕩殘殿閣前有掘發穴或
云埋尸處客舍則西淸館枉焉倉穀則西倉依舊東
倉米千餘石爲賊所食城中毀屋舍爲板柵築墻
爲放炮穴或圓或方凶巧莫測設使當日進軍必敗

清虛齋先生集

入慶州軍死者五百餘人合計他邑至二千餘人云
右日兵使行軍後府伯率官軍及儒生往陣于甲山
遇一隊賊力戰斬數十級登小山上望府內我軍始
入焚蕩城底人家煙焰漲天謂有捷勢上下同喜俄
而有自府馳來者報曰軍潰矣繼有潰軍雲散而來
府伯還杞溪及夕村村哭聲轟天慘不忍聞
二十五日兵使夏來安庸欲觀勢再擧也此後每遣
突擊畫則耀兵夜則擧火或投震天雷于城中賊大
驚傷死者甚眾因此有去意云
九月初八日宿水雲亭夜半望見府內火焰觸天天

納草蒙烏積城外計各帶食佩刃重不能運營軍官
輩從後促之器械皆棄中道及到城下空手無所烏
圍城繞畢賊從城上放砲如雨傷者甚衆賊伏兵往
外或自柏柋或自鄕校來圍之大軍潰徹賊從後亂
斫死傷不可勝數前一日賊大兵自彥陽上來徹屯
城外及鄕校里兵使及諸將雖聞此奇只以圍城烏
恐不烏之備竟烏所敗與海迎日等倅先奔兵使從
西山走永陽境○永川義兵生員鄭竒藩崔仁濟幼
學金大海等二十八人烏賊所窘慶州儒生南洽金
廷觀等亦以斬退將赴戰見窘其餘武班阹者十餘

十四日還宿水雲亭伏兵將李鳳瑞陣柳林北來賊
二人從雪蒼山下路過伏兵覺之孫昉奴金守先擊
之家奴德武次擊之衆軍因而斬之失一賊翌日自
草田中出鳳瑞等追之八根谷洞爲安康人所射得
十六日還山此後北來賊連續有潛遁者或爲伏兵
所得
十九日兵使來安康自永陽也吾以府伯帶率佩弓
箭往拜安康
二十一日十一邑軍齊會合三萬七千餘人兵勢大
振二夏末進軍軍不食者多人持炬兩柄又持空石

巡無定是時州民不至潰散者實賴府伯竭心鎭撫

也○聞金奉事虎屼爲賊所傷也奉事亂初路遇一

賊將手射殪之後爲南面大將多所射斬前月二十

日與上來倭力戰一日斬三十九級鐵几鎗劍衣裝

等物所獲甚多衰年辦此人皆壯之且軍情倚以聲

氣至此而虼人皆痛惜此條當繫入初四日下

初二日同參奉鄭士誠權奉　集慶殿　康獻大王

晬容于水雲亭

初四日陪　晬容向禮安初五日宿竹長初七日到

李奉事聖與詠道書堂奉安于西室

不得衝突皆此人之功也後兵使狀　啓拜別座

十一日永川鄭進士世雅謁兵使事往安德歷入見

家君兵使命鄭義兵將故欲往辭焉

二十二日永川人圍城倭翌日復城新寧慶州軍亦

鄭大任殲盡一邑之賊他邑所未有實奇功也

多斬獲合五百餘級左界義兵大將權應銖與永川

二十七日兩官在省法縣傳令聚軍爲擊賊計一府

官屬及精兵皆到軍勢頗振是日往謁兩官于省法

且請從戎于府伯帶率還歸竹長

八月初一日府伯在縣洞以民弊不欲久留一處輪

朝臣多不赴禁府都事亦太半不從云聞來不勝痛
哭

初九日昧爽與崔繼宗權應生白以昭李龍甲李訥

孫時崔奉天率精兵三百餘人會汶川上

十八日判官朴毅長自寧海本家來謁府伯因行公

七月初六日判官往慈仁慈仁人崔士吉射倭將墜

馬賊載去未及斬頭得賊馬及鞍子等物馬甚駿賊

痛哭而去判官及李夢瑞崔奉天各得一級慶山賊

請大卯賊來亦力戰卻之割一馘箭殪者亦多大抵

自初至今慈仁人崔文炳聚軍結陣保守倉穀使賊

女或步行大雨終日向松都扈從甚草草都民痛哭

潰散五月初三日賊分三道入城追 駕于坡州臨

津在前不能及都人老病者貪財者在城中賊初則

大肆殺害後不至甚鐵原兵五十自募乘夜踰城斬

賊三十餘首賊怒此後逢人多殺李生從動 駕得

出城走登楊州西山十四日始發難難飢困殆不可

彬於路未聞京奇或有捷音皆不實大抵望風奔潰

京外皆然南兵使領軍二千八百餘人入援弓強馬

健庶望一功且言 輦轂之下紀網太解離都之日

下教明日宣政門 殿坐百官弓甲八衛而及期

18

敗軍日一行從事軍官及諸銳卒戰馬皆陷李希龍

輩亦不知死處云

五月二十八日見招諭使金誠一招諭文以君臣大

義舉性所同激厲奬勸士皆感奮至有泣下者

六月初七日吾三家與安進士潤身家下山向竹長

踰吉州嶺石穴淵邊遇一人持弓握矢羸困狂步余

不及知彼先識余撝抑不能言乃慈仁居祿事李夢

斗自京從間道來者也忽見舊知喜愴交至自變後

京城消息杳不聞知因李生始得細聞申硃敗于忠

州赴水死四月晦日　主上去邠夜半由新門出宮

往取數日而盡僱食無賴之徒因而結黨假作倭服

倭聲擧旗揮劍恸揗閭里放火人家次焚倉庫欲爲

滅跡之計部將李素精逐斬亂魁李漢守者懸諸南

門其黨少熄驛子輩以搜覓穀爲名逐村作亂爲

多叱村人所捉縛送二人于興海官斬之其黨少熄

○一日素精帶弓箭來見言逐斬之狀人心依以少

慰○赤火谷人崔光漢亦以亂賊魁爲素精所擊傷

幾獲幸免後光漢爲府伯軍官軍功居一等自古傑

特者乘亂爲賊可知○巡撫使曺瑋前以巡邊使李

鎰軍敗於尙州由江原道來寓苦行洞一日來見言

事虎等以守衞山城承府伯命往順伯亦往從自本
府城陷後賊大肆暴掠夫人自山城又移近地幽險
處蒼黃竄迫不可形容衙奴多散走府伯外孫年八
歲者適熱癨治行時忩不帶率幾至四五里始促人
負來其竁悪如此府伯夫人請與吾家內眷同處焉
相依計余旣承府伯命仍合眷從傍看護一日親癠
添劇不得已爲下寺將攝之地奔遑中藥餌無備只
自煎泣府伯送人問疾兼惠麥料九藥感激之至罔
知攸謝
二十五日安康人乘亂碎鑰偸取倉穀各村人聞風

圍以彼處林藪不密故也

二十三日加上嶺腰高險處作柴圍明彦奴自嶺上

來喘慄而告曰適到嶺上覘伺見安進士奴子輩陪

內上典從嶺頭急走曰鄭進士父子卽刻爲賊所害

余一家蒼黃罔知所爲且聞倭登山則先從嶺路故

毀柴圍烏各竄計烏投禽息日亦將昏飢渴兼至叢

薄隔遠杳不相聞且有雨氣不得已相索下㐫寄宿

于奴子結柴處此日驚懼不可盡狀

二十四日孫時以金庚信陵祭官堂香行祭後因向

山城倉時府伯夫人登山城避患李子萬戶弘淨金奉

14

雨立芟亦雨漏不得已爲下寺計雨雖向歇夜黑如

桼林蔽翳巖石高低不得分難得一炬奴子鑿鍊

拔屋茅爲之者也到寺皆爲府伯一行所占惟西邊

厨間下人不多以溫語乞稌之八托爲盡脫濕衣地

坐有廳半間老親得憑臥適有炭數石明參用此燎

衣又燎余衣余亦近炭而坐困極或臥地少睡松蒼

家屬則下寺時亦得一莒芟艱得託首過夜靈山丈

宿于山上多下人能爲柴園且有油芚遮雨故也

二十二日早入拜府伯府伯因言 國事至此我不

邊處幸爲衛護眷余黼不獲靈山丈夕還來舊柴

永川陷列城望風奔潰不可勝記

十六日陪家君上斗德寺今云德庵道七日柱玉山院登

山麓見負弓箭荷鎗劒者絡繹於道從正惠洞隱僻

處而走皆上道軍人聞風潰來者本府軍官及官員

亦奔潰不待賊至城已無人矣

二十一日聞慶州城陷率眷上寺府伯尹仁涵亦來

余與靈山丈李應謁之令家屬先上山老親諸姑婦

女䖘匐傾倒繚得上山時已向昏驟雨又作不得已

還下襦衣盡濕推轉蹭蹬抔薜引葛艱投一間草茇

其詹着地乃僧造鞋幕也七八人繚得托首奴婢皆

嗟乎暗於治者唱繁而和寡審乎物者力約而功峻
焉故子思子曰君子篤恭而天下平言其至德淵微
自然之應而誠之不可掩也如此世之人主欲以一
已之聰明籠絡天下之物情而不修一心之明德以
爲修身齊家治國平天下之大本焉故愚特出哭裏
論之

龍蛇日記

壬辰四月島夷大擧入寇十四日釜山陷僉使鄭公
撥死之十五日東萊陷府使宋公象賢死之十八日
梁山陷郡守趙公英珪死之二十日彥陽陷後三日

11

9

8

創業守成難易論

河不出圖論

孔明可興禮樂論

趙普一部論語論

百里可王論

周濂溪三斃王安石論

綜核名實論

龍蛇日記

附錄

家狀

7

祭龜巖李先生楨文

祭戰卒文 代朴府尹穀長任乙戌

祭牧使朴公士任乙長文 代朴府尹作

墓誌

潛溪李公墓誌

雜著

蘇武娶胡婦論

緺絽論

天何言哉論

魯兩生論

訪花隨柳過前川

一身還有一乾坤

次贈李淸源西行

入公山會盟員呼字聯句

書

上天將書

與李淸源書

跋

關西問答跋

祭文

次徐樂齋惠遠尋玉山溪亭韻

次李府伯時發食笋韻戲贈主人

次癡庵首題韻謹酬示意

次潛溪李公仝仁鳳臨臺韻

送朴通信弘長奉使日本

贈林慵齋

送別李淸源浚

贈別雪峯師

菊潭

照膽鏡

3

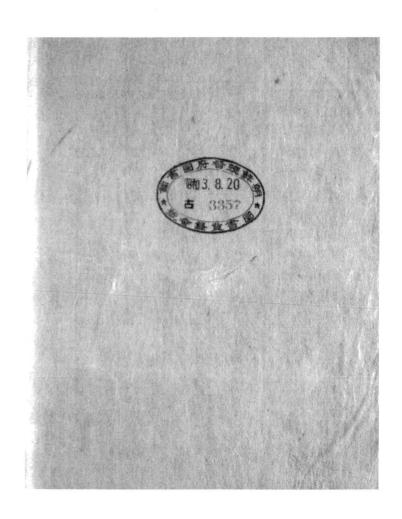

龍蛇日記

(《淸虛齋先生文集》, 1901. 국립중앙도서관 소장)

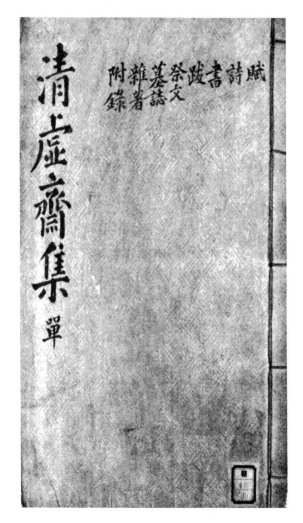

용사일기龍蛇日記

출처 : 《淸虛齋先生文集》, 1901. 국립중앙도서관 소장

가장家狀

출처 : 《淸虛齋先生文集》附錄, 1901. 국립중앙도서관 소장

첨지중추부사월성손공묘표僉知中樞府事月城孫公墓表

출처 : 《梅山先生文集》卷11 묘지명, 1797. 국립중앙도서관 소장

수운정중수기水雲亭重修記

출처 : 《淸虛齋先生文集》附錄, 1901. 국립중앙도서관 소장

백동서당중건기柏洞書堂重建記

출처 : 《響山先生文集》卷10, 1933. 국립중앙도서관 소장

판관손공묘지명병서判官孫公墓誌銘幷序

출처 : 《芝山先生文集》卷4, 1899. 국립중앙도서관 소장

여기서부터 영인본을 인쇄한 부분입니다. 이 부분부터 보시기 바랍니다.

역주자 신해진(申海鎭)

경북 의성 출생
고려대학교 국어국문학과 및 동대학원 석·박사과정 졸업(문학박사)
전남대학교 제23회 용봉학술상(2019) ; 제25회 용봉학술특별상(2021)
현재 전남대학교 인문대학 국어국문학과 교수

저역서 『추포 황신 일본왕환일기』(보고사, 2022)
　　　『청강 조수성 병자거의일기』(보고사, 2021), 『만휴 황귀성 난중기사』(보고사, 2021)
　　　『월파 류팽로 임진창의일기』(보고사, 2021), 『검간 임진일기』(보고사, 2021)
　　　『검간 임진일기 자료집성』(보고사, 2021), 『가휴 진사일기』(보고사, 2021)
　　　『성재 용사실기』(보고사, 2021), 『지헌 임진일록』(보고사, 2021)
　　　『양대박 창의 종군일기』(보고사, 2021), 『선양정 진사일기』(보고사, 2020)
　　　『북천일록』(보고사, 2020), 『쇄일록』(보고사, 2020), 『토역일기』(보고사, 2020)
　　　『후금 요양성 정탐서』(보고사, 2020), 『북행일기』(보고사, 2020)
　　　『심행일기』(보고사, 2020), 『요해단충록 (1)~(8)』(보고사, 2019, 2020)
　　　『무요부초건주이추왕고소략』(역락, 2018), 『건주기정도기』(보고사, 2017)
　　　이외 다수의 저역서와 논문

청허재 손엽 용사일기 淸虛齋 孫曄 龍蛇日記

2022년 3월 31일 초판 1쇄 펴냄

원저자 손엽
역주자 신해진
펴낸이 김흥국
펴낸곳 도서출판 보고사

책임편집 이경민
표지디자인 김규범

등록 1990년 12월 13일 제6-0429호
주소 경기도 파주시 회동길 337-15 보고사 2층
전화 031-955-9797(대표)
　　　02-922-5120~1(편집), 02-922-2246(영업)
팩스 02-922-6990
메일 kanapub3@naver.com/bogosabooks@naver.com
http://www.bogosabooks.co.kr

ISBN 979-11-6587-301-1　93910
ⓒ 신해진, 2022

정가 14,000원